AF746159

# Как продавать по всему миру и выстроить систему стабильного заработка

**Александр Ваколюк**

Пошаговый гид, который поможет вам создать бизнес на eBay и продавать товары в любую страну мира!

Об авторе:

*Привет! Меня зовут Александр, и я практикующий продавец на eBay.*

*Я не инфо-бизнесмен и не теоретик, а человек, который реально работает на платформе каждый день.*

*За 6 лет активной торговли я протестировал разные стратегии, модели продаж и инструменты. Сейчас у меня 100% положительных отзывов и более 5000 успешных сделок, но за это время я столкнулся со всеми типичными проблемами eBay-продавцов – от заморозки средств до сложностей с логистикой.*

*Этот курс – это концентрат моего опыта. Я собрал здесь все фишки, которые реально работают и помогут тебе выйти на стабильный заработок на eBay без лишних ошибок и потерь денег.*

Начинай обучение прямо сейчас и делай первые шаги к успешным продажам на eBay!

# ОГЛАВЛЕНИЕ

# ВВЕДЕНИЕ

## Почему eBay – отличная площадка для заработка?

В мире электронной коммерции eBay остаётся одной из лучших платформ для торговли. Это уникальная площадка, объединяющая 133+ миллиона активных покупателей по всему миру. В отличие от Amazon и Shopify, здесь можно начать продавать без вложений, минимальных затрат и строгих требований.

В этом разделе ты узнаешь:

1. Почему eBay – это лучшая точка входа в e-commerce.
2. Какие форматы продаж здесь работают лучше всего.
3. Как начать зарабатывать даже без стартового капитала.

### <u>eBay – универсальная платформа для всех!</u>

💡 Кто может продавать на eBay?

- Абсолютные новички.

Люди, которые никогда не занимались продажами, могут начать с простых вещей (ненужные товары из дома, одежда, техника).

Минимальные риски: нет необходимости закупать товар заранее или инвестировать в рекламу.

- Реселлеры и перекупщики.

eBay – идеальное место для перепродажи товаров с AliExpress, Taobao, локальных магазинов.

Можно находить товары на распродажах (Walmart, Costco, стоковые магазины) и продавать дороже.

- Мастера хендмейда и коллекционеры.

eBay популярен среди продавцов винтажных и антикварных вещей.

Ручная работа, коллекционные предметы, лимитированные вещи – всё это очень востребовано.

- Дропшипперы.

На eBay можно продавать товары без собственного склада, работая по модели дропшиппинга.

Продавец размещает товар на eBay, а когда получает заказ – отправляет его напрямую от поставщика (например, с AliExpress).

🔥 **Вывод**: eBay подходит как новичкам, так и опытным продавцам, предлагая массу возможностей для заработка.

## 💡90% новичков бросают продажи из-за распространенных ошибок, которых можно легко избежать, если знать о них заранее

**Ошибка №1**: Продажа запрещенных товаров

Многие новички не читают правила eBay и пытаются продавать подделки, реплики брендов, запрещённые товары.

📌 Результат: аккаунт блокируется навсегда.

✅ Как избежать?

Прежде чем продавать, проверь список запрещенных товаров на eBay.

**Ошибка №2**: Плохие фотографии и описания товаров

Многие продавцы используют размытые, некачественные фото или пишут короткие описания без деталей.

📌 Результат: низкие продажи, жалобы от покупателей.

✅ Как избежать?

Использовать качественные фото, писать полные описания с размерами, характеристиками и преимуществами.

**Ошибка №3**: Игнорирование конкурентов и рынка

Новички ставят слишком высокие или слишком низкие цены, не анализируя рынок.

📌 Результат: или низкие продажи, или убытки.

✅ Как избежать?

Перед продажей анализируй конкурентов через eBay Terapeak и следи за рыночными ценами.

# eBay vs. другие маркетплейсы (сравнение с Amazon и Shopify)

📌 Чем eBay лучше других платформ, таких как Amazon и Shopify? eBay имеет ряд преимуществ, особенно для новичков, которые хотят начать онлайн-бизнес без больших вложений и сложной логистики.

**1. Стартовый капитал**

- На eBay можно начать без вложений, просто продавая ненужные вещи или занимаясь перепродажей. Amazon требует закупки товаров заранее, а Shopify предполагает оплату за создание собственного интернет-магазина и продвижение.

**2. Гибкость в продаже товаров**

- На eBay можно продавать как новые, так и б/у товары. Это делает платформу идеальной для продажи антиквариата, коллекционных предметов, брендовой одежды, восстановленной электроники и даже автозапчастей.
- На Amazon можно продавать только новые товары, а Shopify требует от продавца самостоятельно находить покупателей и привлекать трафик.

**3. Доступ к международному рынку**

- eBay предоставляет глобальный доступ к покупателям из более чем 190 стран, а встроенная система eBay Global Shipping Program позволяет автоматизировать международную доставку.
- На Amazon тоже можно продавать по всему миру, но для этого требуется отдельная регистрация на локальных площадках (Amazon US, Amazon Europe и т. д.), что значительно усложняет процесс.
- На Shopify можно продавать по всему миру, но весь процесс логистики, рекламы и привлечения клиентов ложится на продавца.

**4. Комиссии и расходы**

- На eBay комиссия за продажу составляет от 10 до 15% в зависимости от категории товара.
- На Amazon комиссии выше – 15-30%, плюс дополнительные сборы за хранение и обработку товаров (если используется Amazon FBA).
- На Shopify нужно ежемесячно платить за подписку ($29, $79 или $299), а также тратить деньги на рекламу.

**5. Контроль над продажами**

- На eBay продавец сам управляет своим бизнесом – выставляет цены, выбирает способы доставки и решает, как продвигать товары.
- На Amazon продавцы вынуждены следовать строгим правилам платформы, а при жалобах со стороны покупателей их аккаунты могут быть быстро заблокированы.
- На Shopify продавец полностью самостоятельно управляет магазином, но ему нужно искать клиентов, настраивать рекламу, решать вопросы с логистикой и возвратами.

🔥 **Вывод**: eBay – это универсальная и удобная площадка, где можно продавать практически всё без больших стартовых вложений и сложных требований. В отличие от Amazon, здесь ниже комиссии и проще правила для продавцов, а в отличие от Shopify – не нужно искать трафик самостоятельно.

📌 Итог: почему eBay — лучшая площадка для заработка?

✅ Простая регистрация – можно начать за 10 минут.

✅ Низкие риски – можно продавать даже без стартового капитала.

✅ Много способов заработка – аукционы, дропшиппинг, перепродажа.

✅ Глобальный рынок – покупатели из США, Европы, Азии.

✅ Низкие комиссии – выгоднее, чем Amazon и Shopify.

✅ Простота масштабирования – можно превратить в полноценный бизнес.

## Регистрация аккаунта продавца на eBay

# Теперь давай разберёмся, как зарегистрироваться на eBay и начать продавать! 🚀

### Открытие учетной записи: Personal vs. Business

📌 Введение: Почему важно выбрать правильный тип аккаунта?

Перед тем как начать продавать на eBay, необходимо зарегистрировать учётную запись. Но здесь есть ключевой момент: eBay предлагает два типа аккаунтов – Personal (Личный) и Business (Бизнес).

💡 Выбор правильного типа аккаунта влияет на:

✅ Возможность масштабировать бизнес в будущем.

✅ Уплату налогов и бухгалтерию.

✅ Доверие покупателей и eBay к вашему магазину.

✅ Доступ к инструментам автоматизации продаж.

Новички часто совершают ошибку, выбирая Personal-аккаунт, а затем сталкиваются с ограничениями, которые мешают развитию. Поэтому важно сразу понимать разницу между этими двумя вариантами и выбрать оптимальный путь для своих продаж.

## Личный аккаунт eBay (Personal)

💡Личный (Personal) аккаунт подходит тем, кто только начинает и не планирует делать eBay основным источником дохода.

Кому подходит Personal-аккаунт?

- Людям, которые хотят продавать ненужные вещи (одежду, технику, книги).
- Новичкам, которые только тестируют eBay и не уверены, что хотят превращать это в бизнес.
- Тем, кто продаёт ограниченное количество товаров и не планирует большие обороты.
- Тем, кто не хочет заморачиваться с регистрацией бизнеса, бухгалтерией и налогами.

Какие преимущества у Personal-аккаунта?

- Простая регистрация – нужен только email и платежный метод.
- Нет юридических требований – не нужно оформлять ИП/ООО (но налоги платить всё равно придётся).
- Гибкость в продажах – можно просто продавать вещи из дома без сложностей.

Какие ограничения у Personal-аккаунта?

❌ Лимиты на количество продаж – eBay ограничивает новых продавцов (например, не более 10-20 товаров в месяц вначале).

❌ Нет доступа к бизнес-инструментам – нельзя подключить аналитику Terapeak, автоматическое управление заказами и рекламу eBay Ads.

❌ Меньшее доверие покупателей – покупатели предпочитают магазины с бизнес-аккаунтом, так как считают их более надежными.

📌 Как зарегистрировать Personal-аккаунт?

1. Перейти на официальный сайт eBay и нажать “Register”.
2. Выбрать “Personal Account”.
3. Ввести:

    • Имя и фамилию (как в документах).

    • Email (лучше создать отдельный email для eBay-продаж).

    • Пароль.

4. Подтвердить аккаунт через email.
5. Привязать платежный метод (Payoneer, Wise, банковский счёт).

После этого можно сразу начать продавать товары. Однако если планируются большие объёмы продаж или долгосрочный бизнес, лучше сразу создать Business-аккаунт.

## Бизнес-аккаунт eBay (Business)

💡 Кому подходит Business-аккаунт?

- Продавцам, которые хотят серьезно зарабатывать на eBay.
- Людям, которые планируют масштабировать бизнес, продавать 50+ товаров в месяц.
- Тем, кто хочет использовать рекламу eBay Ads, аналитику Terapeak и другие инструменты для роста.
- Тем, кто хочет вызывать доверие у покупателей – бизнес-аккаунты выглядят более профессионально.

Какие преимущества у Business-аккаунта?

- Нет лимитов на продажи (или они значительно выше, чем у Personal).
- Доступ к аналитике eBay Terapeak – можно видеть, какие товары лучше продаются.
- Возможность использования eBay Ads – можно продвигать товары.
- Можно выставлять магазинный формат продаж (eBay Store) – это даёт доступ к дополнительным инструментам.
- Больше доверия покупателей – бизнес-аккаунты выглядят профессионально, и покупатели чаще выбирают их.

Какие недостатки у Business-аккаунта?

✕ Нужно оформить юридическое лицо (ИП, ООО, самозанятость), если вы работаете официально.

✕ Придётся платить налоги с продаж.

✕ Может потребоваться дополнительная бухгалтерия (зависит от страны).

📌 Как зарегистрировать Business-аккаунт?

1. Перейти на официальный сайт eBay и нажать “Register”.
2. Выбрать “Business Account”.
3. Ввести:

• Название компании (или своё имя, если ИП).

• Адрес бизнеса (обычно совпадает с домашним).

• Контактный email.

• Тип бизнеса (ИП, ООО и т. д.).

4. Подтвердить учётную запись через email.

5. Привязать банковский счёт и платёжную систему (Payoneer, Wise).

После регистрации можно создать свой eBay Store, подключить рекламу и начать полноценный бизнес.

## Personal vs. Business – что лучше выбрать?

- ❖ Если ты новичок и просто хочешь попробовать eBay без обязательств, лучше начать с Personal-аккаунта.

- ❖ Если ты планируешь зарабатывать серьёзно, продавать много товаров и масштабироваться, лучше сразу регистрировать Business-аккаунт.

Когда лучше переключиться с Personal на Business?

✅ Когда ты продаёшь 50+ товаров в месяц.

✅ Когда хочешь использовать аналитику и рекламу.

✅ Когда покупатели начинают доверять бизнес-аккаунтам больше.

✅ Когда хочешь открыть eBay Store и работать как полноценный интернет-магазин.

🔥 **Вывод**: Выбор типа аккаунта зависит от твоих целей. Если просто хочешь протестировать eBay – Personal, если планируешь долгосрочный бизнес – Business.

📌 Итог: Какой аккаунт выбрать?

✅ Если продаёшь для себя, тестируешь eBay – Personal.

✅ Если хочешь делать бизнес, продавать много товаров – Business.

✅ Business-аккаунт даёт больше возможностей (Terapeak, реклама, масштабирование).

✅ Переключиться с Personal на Business можно в любое время, но лучше сразу выбирать правильный путь.

Теперь давай разберёмся с настройкой платежей на eBay! 🚀

# Настройка платежей на eBay: Как получать деньги за продажи

📌 <u>Введение</u>: Почему важно правильно настроить платежи?

Одна из главных ошибок новичков – это неправильная настройка платежей на eBay. Многие продавцы регистрируются, выставляют товар на продажу, а затем сталкиваются с проблемами, когда eBay не может отправить им деньги или заблокирует их аккаунт из-за ошибок в верификации.

💡Что ты узнаешь в этом разделе:

- ✅ Как правильно привязать платежную систему к eBay.
- ✅ Какие платежные методы подходят продавцам из Европы, США, СНГ.
- ✅ Какие ошибки допускают новички при настройке выплат.
- ✅ Как получать деньги без блокировок и комиссий.

eBay с 2021 года отказался от PayPal в пользу Managed Payments, поэтому всё работает иначе, чем раньше. Теперь деньги выводятся на банковский счет или в платёжные системы.

# Как работает система выплат eBay? (Managed Payments)

Раньше (до 2021 года) eBay использовал PayPal для всех платежей. Покупатели оплачивали товар через PayPal, а продавцы получали деньги мгновенно.

Что изменилось?

Сейчас eBay управляет платежами самостоятельно (Managed Payments). Это значит, что деньги сначала поступают на eBay, а затем отправляются непосредственно на банковский счет продавца или в платёжные системы Payoneer, Wise.

Как это работает?

1. Покупатель оплачивает товар на eBay.
2. Деньги поступают на баланс eBay (обычно в течение 1-2 дней).
3. eBay удерживает комиссию (10-15%) и отправляет остаток продавцу.
4. Деньги автоматически переводятся на банковский счёт или Payoneer/Wise.

Основные плюсы новой системы:

✅ Нет необходимости использовать PayPal (раньше он брал дополнительную комиссию 2,9%).

✅ Упрощённый процесс – все платежи идут через eBay.

✅ Автоматические переводы раз в день, раз в неделю или раз в месяц (на выбор продавца).

Минусы Managed Payments:

❌ Первые выплаты могут задерживаться на 3-5 дней, пока eBay проверяет аккаунт.

❌ Комиссия за перевод зависит от платежной системы.

## Какие платежные методы можно использовать на eBay?

eBay предлагает три основных способа получения денег:

1. **Банковский счёт** (SEPA, SWIFT) – для продавцов из США, Европы и некоторых других стран.
2. **Payoneer** – лучший вариант для международных продавцов, особенно из СНГ и Европы.
3. **Wise** (TransferWise) – удобен для работы с разными валютами, но не всегда поддерживается eBay.

**Банковский счёт (SEPA, SWIFT)**

Плюсы:

✅ Деньги приходят напрямую на ваш банковский счёт, без посредников.

✅ Надежный и официальный способ получения выплат.

✅ Нет ограничений по суммам – можно получать крупные платежи без лимитов.

Минусы:

❌ Высокие комиссии за международные переводы (если у вас банк в другой стране).

❌ Может потребоваться дополнительная верификация со стороны банка.

💡 Кому подходит?

Продавцам из США, Европы, Великобритании, у которых есть локальный банковский счёт в своей стране.

## Как привязать банковский счет к eBay?

Если ты хочешь получать деньги напрямую на банковский счёт, следуй этим шагам:

1. **Перейди в eBay Seller Hub → "Payments".**
2. Нажми "Add a payout method".
3. Выбери "Bank account" и введи данные:

   • Название банка (например, Deutsche Bank, Raiffeisen Bank).

   • IBAN (для Европы) или SWIFT-код (для международных переводов).

   • Номер счёта.

4. Подтверди счёт – eBay отправит тестовый перевод (1-2 цента) для проверки.
5. Через 24-48 часов счёт будет подтверждён, и деньги начнут поступать.

📌 **Важно!** Если у тебя банковский счет в другой стране, лучше использовать Payoneer или Wise – так ты избежишь больших комиссий за международные переводы.

## Как настроить Payoneer для eBay? (Лучший вариант для СНГ и Европы)

💡 Почему Payoneer?

✅ Работает во всём мире (в отличие от PayPal, который заблокирован в некоторых странах).

✅ Минимальные комиссии на переводы с eBay.

✅ Можно вывести деньги на любую банковскую карту или счет.

Как привязать Payoneer к eBay?

1. Зарегистрируй аккаунт на Payoneer.com.
2. Перейди в eBay Seller Hub → "Payments".
3. Нажми "Add a payout method".
4. Выбери "Payoneer" и введи данные.
5. Подтверди аккаунт через email и SMS-код.

Вывод денег с Payoneer:

- Можно перевести деньги на банковскую карту.
- Можно вывести на банковский счет с минимальной комиссией.

📌 Важно! Первый перевод с eBay на Payoneer может занять до 5 дней, пока система проверяет транзакцию.

## Частые ошибки при настройке платежей

**Ошибка №1**: Привязка счёта на чужое имя

❌ eBay не разрешает получать деньги на чужие банковские счета.

✅ Используй только свои данные, иначе eBay может заморозить выплаты.

**Ошибка №2**: Использование PayPal (который больше не поддерживается)

❌ Многие новички пытаются привязать PayPal – но eBay больше не использует PayPal для продавцов.

✅ Используй Payoneer, Wise или банковский счёт.

**Ошибка №3**: Ошибки в банковских данных

❌ Если неправильно указать номер счёта или SWIFT-код, деньги могут уйти не туда или застрять.

✅ Проверь данные несколько раз перед привязкой!

**Ошибка №4**: Ожидание мгновенной выплаты

❌ eBay переводит деньги не сразу – обычно выплаты занимают 1-2 дня.

✅ Настрой ежедневные или еженедельные выплаты, чтобы ускорить процесс.

## 📌 Итог: Как правильно настроить платежи на eBay?

✅ Лучший вариант для большинства продавцов – Payoneer.

✅ Банковский счёт – надёжно, но высокие комиссии за международные переводы.

✅ Wise – хороший вариант для конвертации валют.

✅ eBay больше не поддерживает PayPal – не пытайся привязать его.

✅ Настрой выплаты на ежедневные или еженедельные, чтобы не ждать долго.

Теперь, когда платежи настроены, можно переходить к верификации аккаунта! 🚀

# Верификация аккаунта на eBay: как подтвердить личность и избежать блокировок

📌 Введение: Почему верификация важна?

После регистрации и настройки платежей следующий ключевой шаг – верификация аккаунта. Это обязательная процедура, без которой eBay не позволит вам полноценно продавать товары и получать выплаты.

💡Что ты узнаешь в этом разделе?

✅ Как правильно пройти верификацию на eBay, чтобы избежать проблем.

✅ Какие документы и данные нужны для подтверждения личности.

✅ Почему eBay может запросить повторную верификацию и как этого избежать.

✅ Как защитить аккаунт от блокировок и мошенников.

**Если верификация пройдена неправильно или данные указаны с ошибками, eBay может заблокировать ваш аккаунт или приостановить продажи.**

## Как проходит верификация аккаунта eBay?

📌 Верификация проходит в несколько этапов, и важно всё делать правильно с самого начала. Основные этапы верификации:

1. Подтверждение email и номера телефона.
2. Верификация платежного метода (банковского счёта или Payoneer).
3. Проверка личных данных (ID, паспорт, водительские права).
4. Подтверждение адреса проживания (иногда eBay запрашивает документы для проверки).
5. Дополнительная проверка налогового статуса (для бизнес-аккаунтов в некоторых странах).

💡 **Чем точнее заполнены данные, тем быстрее eBay одобрит ваш аккаунт!**

📌Подтверждение email и номера телефона. Почему это важно? Это первый и самый простой этап, но без него eBay не позволит вам публиковать объявления.

<u>Как подтвердить email?</u>

1. После регистрации eBay отправит письмо с подтверждающей ссылкой на вашу почту.
2. Откройте письмо и нажмите “Verify your email”.
3. Готово! Теперь email подтверждён.

<u>Как подтвердить телефон?</u>

1. При регистрации eBay попросит ввести мобильный номер.
2. Вы получите SMS-код – введите его в поле подтверждения.
3. Всё готово! Теперь номер телефона привязан к аккаунту.

💡 **Важно! Не используйте виртуальные номера или временные email-адреса – это может привести к блокировке аккаунта.**

## Верификация платежного метода (банковский счёт или Payoneer)

📌 Этот этап важен, потому что eBay не позволит выводить деньги без подтвержденного платежного метода.

Как проходит проверка банковского счета?

1. eBay делает тестовый перевод (обычно несколько центов) на ваш счёт.
2. Вы должны подтвердить сумму перевода в личном кабинете eBay.
3. После подтверждения банковский счёт становится активным для выплат.

Как проходит проверка Payoneer?

1. Нужно привязать Payoneer к eBay (как описано в разделе о платежах).
2. Payoneer может запросить дополнительную верификацию паспорта/ID.
3. После проверки аккаунт Payoneer становится активным для получения денег с eBay.

💡 Если данные в платёжных системах не совпадают с eBay, возможны задержки или блокировки!

## Проверка личности (ID, паспорт, водительские права)

📌 Этот этап eBay вводит для защиты от мошенников.

✅ Какие документы можно использовать?

- Паспорт (главная страница с фото).
- Водительские права.
- Национальный ID-карта (если есть).

📌 Как загрузить документы?

1. После регистрации eBay может попросить подтвердить личность.
2. В личном кабинете появится кнопка "Verify Identity".
3. Нужно загрузить фото документа (паспорт, права, ID-карта).
4. eBay проверяет документ в течение 24-48 часов.

💡 Фото должно быть четким, без бликов и редактирования – иначе верификация может не пройти.

## Подтверждение адреса проживания

📌 В некоторых случаях eBay может попросить документ, подтверждающий ваш адрес.

✅ Какие документы подойдут?

- Квитанция об оплате коммунальных услуг.
- Банковская выписка.

- Договор аренды жилья.

Как проходит проверка?

1. eBay может отправить письмо с кодом на ваш реальный адрес.
2. Нужно ввести код в личном кабинете eBay.

💡 Этот этап не всегда обязателен, но может потребоваться в некоторых странах.

## Верификация налогового статуса (для бизнес-аккаунтов)

📌 Если у вас бизнес-аккаунт, eBay может запросить налоговые данные.

✅ Что нужно предоставить?

- Для Европы – номер VAT (налог на добавленную стоимость).
- Для США – Taxpayer Identification Number (TIN).
- Для Великобритании – номер компании (Company Number).

💡 Если продавец работает как частное лицо, этот этап можно пропустить.

## Частые проблемы при верификации (и как их решить)

**Ошибка №1**: eBay не принимает паспорт или ID

❌ Частая причина – плохое качество фото или размытый документ.

✅ Решение: Сделать новое фото при хорошем освещении и загрузить снова.

**Ошибка №2**: Не приходит код подтверждения по SMS

❌ Иногда eBay блокирует виртуальные номера или старые SIM-карты.

✅ Решение: Использовать новый номер от мобильного оператора.

**Ошибка №3**: Ошибка при привязке банковского счёта

❌ Ошибка в номере счёта или IBAN.

✅ Решение: Дважды проверить все данные перед отправкой.

**Ошибка №4**: Задержка с проверкой личности

❌ В пиковые периоды (Black Friday, праздники) eBay проверяет аккаунты дольше обычного.

✅ Решение: Подождать 48-72 часа или обратиться в поддержку eBay.

**Ошибка №5**: Блокировка аккаунта после верификации

❌ Если eBay считает аккаунт подозрительным, он может заморозить его для дополнительной проверки.

✅ Решение: Обратиться в поддержку eBay и предоставить все документы заново.

## 📌 Итог: Как правильно пройти верификацию на eBay?

- Подтвердить email и номер телефона сразу после регистрации.

- Привязать банковский счет или Payoneer и подтвердить тестовый платёж.
- Загрузить документы (паспорт, ID-карту или водительские права) без ошибок.
- Использовать реальный адрес проживания, если eBay запросит его подтверждение.
- Для бизнес-аккаунтов – предоставить налоговые данные (VAT, TIN, Company Number).

Теперь, когда аккаунт полностью подтверждён, можно переходить к следующему шагу – выбору ниши и товаров для продажи на eBay! 🚀

# Выбор ниши и товаров для продажи на eBay

## Как найти выгодные товары для продажи на eBay

📌 Введение: Почему важно выбирать правильные товары?

Выбор товара – самая важная часть бизнеса на eBay. Можно идеально настроить рекламу, написать отличное описание, но если товар никому не нужен, он просто не продастся.

🔥 Правильный товар = 80% успеха в продажах.

Если ты выберешь товар с высоким спросом, хорошей маржой и низкой конкуренцией, ты будешь зарабатывать даже без больших вложений. Если же выберешь популярный, но перенасыщенный рынок, твой товар затеряется среди конкурентов.

💡Что ты узнаешь в этом разделе?

- ✅ Какие критерии делают товар прибыльным.
- ✅ Какие категории товаров лучше всего продаются.
- ✅ Как анализировать спрос и конкуренцию.
- ✅ Как избегать ошибок новичков при выборе товаров.

**Цель** – научиться выбирать товары, которые гарантированно будут приносить продажи и прибыль.

# 5 главных критериев выбора прибыльного товара🚀

Перед тем как выставить товар на продажу, проверь его по 5 критериям:

✅ Стабильный спрос

✅ Высокая маржинальность

✅ Низкая конкуренция

✅ Доступность поставок

✅ Уникальность или дополнительная ценность

**1. Стабильный спрос (товар покупают регулярно)**

📌 Товар должен быть востребован не только в пиковый сезон, но и круглый год.

> 🔹 Плохой пример: Рождественские игрушки – продаются только в декабре.
>
> 🔹 Хороший пример: Чехлы для телефонов – покупают всегда.

💡 Как проверить спрос?

1. Ввести название товара в eBay и включить фильтр "Sold Listings" (Проданные товары).
2. Если товар активно покупают последние 30-60 дней, значит, спрос есть.
3. Использовать Google Trends – если график стабильно высокий весь год, значит, товар популярный.

**2. Высокая маржинальность (разница между ценой покупки и продажи)**

📌 Если наценка меньше 30%, продавать товар невыгодно.

◆ Плохой пример: Покупать товар за $10 и продавать за $13 – слишком маленькая прибыль.

◆ Хороший пример: Покупать за $15 и продавать за $40 – хороший запас прибыли.

💡 Как считать маржинальность?

Цена продажи – цена закупки – комиссии eBay и Payoneer = чистая прибыль.

<u>Пример</u>:

- ❖ Покупаем аксессуар для камеры за $10.
- ❖ Продаём на eBay за $29,99.
- ❖ Минус комиссия eBay $3.
- ❖ Чистая прибыль = $16,99.

💡 Чем выше маржа, тем меньше риска и больше прибыли.

**3. Низкая конкуренция (мало продавцов, но высокий спрос)**

📌 Если у товара сотни конкурентов, продавать будет трудно.

◆ Плохой пример: iPhone 15 – очень высокая конкуренция, новому продавцу сложно пробиться.

◆ Хороший пример: Редкие запчасти для старых автомобилей – высокий спрос, мало продавцов.

💡 Как проверить конкуренцию?

1. Ввести товар в поиск eBay.
2. Посмотреть, сколько продавцов продают аналогичные товары.
3. Включить фильтр "Sold Listings" → Если много продаж, но не слишком много конкурентов – товар хороший.

Оптимальный баланс: спрос высокий, конкуренция умеренная.

**4. Доступность поставок (можно легко пополнить запасы)**

📌 Важно, чтобы товар был легко доступен у поставщиков, иначе ты рискуешь остаться без продаж.

◆ Плохой пример: Уникальные хендмейд вещи – сложно массово продавать, если нет стабильного производства.

◆ Хороший пример: Аксессуары для ноутбуков – всегда в наличии у поставщиков.

💡 Где искать поставщиков?

- AliExpress, Alibaba, Taobao – дропшиппинг и оптовые закупки.
- Локальные магазины (Walmart, Target, IKEA) – можно покупать на скидках и перепродавать.
- Стоковые магазины (Costco, TJ Maxx, Ross) – брендовые вещи по низким ценам.

**5. Уникальность или дополнительная ценность**

📌 Если твой товар имеет дополнительную ценность или его сложно найти в обычных магазинах, он будет продаваться лучше.

◆ Плохой пример: Стандартные зарядные кабели для iPhone – их продают тысячи продавцов.

◆ Хороший пример: Специальные магнитные кабели с уникальными функциями – меньше конкурентов, выше цена.

💡 Как повысить ценность товара?

1. Продавать комплекты (например, комплект инструментов вместо одного товара).
2. Делать бонусы (например, дополнительное руководство по использованию).
3. Использовать редкие или кастомные версии товара (например, эксклюзивные расцветки, кастомные принты).

## Ошибки, которых стоит избегать при выборе товара

**Ошибка №1**: Продавать популярный товар с высокой конкуренцией

✕ Если у товара сотни продавцов, ты просто потеряешься среди конкурентов.

✅ Решение: Выбирать уникальные ниши с высокой маржой.

**Ошибка №2**: Игнорировать комиссии eBay и расходы на доставку

✕ Если не учесть комиссии, можно уйти в минус.

✅ Решение: Считать все затраты перед тем, как выставлять товар на продажу.

**Ошибка №3**: Продавать товары, которые нельзя отправить в другие страны

✕ Некоторые товары запрещены для международной доставки (например, аэрозоли, жидкости, батареи).

✅ Решение: Проверять правила eBay по доставке перед тем, как продавать.

**Ошибка №4**: Выбирать товары с низкой маржой

❌ Если разница между ценой покупки и продажи слишком мала, заработок будет копеечным.

✅ Решение: Продавать товары с маржой не менее 30-50%.

**Ошибка №5**: Продавать сезонные товары без стратегии

❌ Например, продавать новогодние украшения в феврале – бессмысленно.

✅ Решение: Продавать товары, которые востребованы круглый год.

## 📌 Итог: Как выбрать прибыльный товар?

✅ Проверить спрос (частота продаж) – если товар не покупают, нет смысла продавать.

✅ Оценить маржинальность (прибыль должна быть 30-50%).

✅ Изучить конкуренцию – не входить в рынок, где уже слишком много продавцов.

✅ Проверить доступность товара у поставщиков.

✅ Добавить уникальность (комплекты, редкие модели, эксклюзивные версии).

Теперь, когда ты знаешь, как находить выгодные товары, давай разберемся, как использовать eBay Terapeak для анализа продаж!

# Как использовать eBay Terapeak для анализа продаж 💰

📌 Введение: Зачем нужен eBay Terapeak?

eBay Terapeak – это мощный аналитический инструмент, который позволяет продавцам изучать рынок, находить прибыльные товары и анализировать конкурентов.

Почему важно использовать Terapeak?

- ❖ Помогает понять, какие товары сейчас активно продаются.
- ❖ Показывает исторические данные продаж (до 2 лет назад).
- ❖ Позволяет анализировать среднюю цену товара и конкуренцию.
- ❖ Помогает находить недооцененные товары, на которых можно заработать.

📌 Что ты узнаешь в этом разделе?

✅ Как пользоваться eBay Terapeak для поиска прибыльных товаров.

✅ Как анализировать конкурентов и копировать их успешные стратегии.

✅ Как находить оптимальную цену для своих товаров.

✅ Как избежать ошибок при анализе спроса.

💡 **Terapeak – это секретное оружие успешных продавцов eBay! Если ты его освоишь, твои шансы на успех значительно возрастут.**

Terapeak Product Research – это встроенный инструмент, который доступен всем продавцам с подпиской eBay Store.

📌 Как получить доступ к Terapeak?

1. **Перейти в eBay Seller Hub → "Research" → "Terapeak Product Research".**
2. Если у вас eBay Store (Basic, Premium, Anchor, Enterprise) – Terapeak уже включён в подписку.
3. Если у вас обычный аккаунт без eBay Store, Terapeak недоступен (но можно оформить подписку).

💡 Если ты серьёзно планируешь продавать на eBay, подписка на eBay Store с доступом к Terapeak – это отличное вложение в бизнес.

## Как использовать Terapeak для поиска прибыльных товаров?

📌 Terapeak помогает анализировать рынок и находить товары с высоким спросом.

🔷 **Шаг 1: Ввод ключевых слов**

1. Ввести название товара (например, "GoPro Hero 10") в поисковую строку.

2. Выбрать период анализа (можно анализировать данные за последние 7 дней, 30 дней или до 2 лет).
3. Установить фильтры (по цене, категории, региону, типу аукциона).
4. Нажать “Search” (Поиск).

### ◆ Шаг 2: Анализ спроса и частоты продаж

📌 Как понять, что товар востребован?

- ❖ Обрати внимание на Sell-through Rate (процент успешных продаж).
- ❖ Если этот показатель выше 50%, значит, товар хорошо продается.
- ❖ Если ниже 20%, спрос слабый – лучше поискать другой товар.

💡 Пример:

- ★ iPhone 12 Pro → Sell-through Rate = 75% → Высокий спрос.
- ★ VR-очки Oculus Quest 1 → Sell-through Rate = 15% → Слабый спрос, старый товар.

### ◆ Шаг 3: Анализ цен (сколько можно заработать?)

📌 Terapeak показывает 3 важные цены:

1. Средняя цена продаж (Avg Sold Price) – средняя цена, по которой товар продается.
2. Минимальная цена (Lowest Sold Price) – самые дешёвые предложения.
3. Максимальная цена (Highest Sold Price) – самые дорогие продажи.

💡 Как использовать эти данные?

- Если средняя цена = $50, но есть продажи за $80, значит, можно продавать дороже.
- Если у конкурентов низкая цена, но высокий объем продаж, возможно, нужно снизить цену, чтобы получить больше заказов.

**Совет:** Старайся не продавать товар по самой низкой цене, а находить оптимальное соотношение между ценой и количеством продаж.

### ◆ Шаг 4: Анализ конкуренции

📌 Terapeak показывает, сколько продавцов торгуют этим товаром и как они работают.

- ❖ Посмотри, сколько продавцов продают этот товар.
- ❖ Если конкуренция высокая, найди уникальные версии товара (например, другой цвет, комплект).
- ❖ Проверь лучших продавцов → изучи их листинги и стратегии (описание, фото, цену).

💡 Пример:

- ★ Если на GoPro Hero 9 300 продавцов, а на GoPro Hero 9 в комплекте с аксессуарами – 50 продавцов, то второй вариант более выгодный.

**Совет:** Используй Terapeak, чтобы искать товары с высоким спросом, но умеренной конкуренцией.

## Как анализировать тренды и сезонные товары в Terapeak?

📌 Terapeak позволяет увидеть, когда спрос на товар растет и падает.

1. Выбери временной период 12 месяцев.
2. Посмотри, когда были пики продаж.
3. Определи, когда лучше закупать товар и когда запускать рекламу.

💡 Пример:

★ Новогодние украшения → пик продаж в ноябре–декабре, но с мая по сентябрь почти никто не покупает.
★ Спортивные товары (велосипеды, палатки) → пик продаж весной и летом.

**Совет:** Продавай сезонные товары за 1-2 месяца до пикового спроса, чтобы избежать конкуренции.

## Как избежать ошибок при использовании Terapeak?

**Ошибка №1:** Ориентироваться только на среднюю цену

❌ Многие новички видят, что товар продаётся за $100 и думают, что можно просто выставить его по этой цене.

✅ Правильный подход: смотреть диапазон цен и учитывать комиссию eBay.

**Ошибка №2:** Игнорировать тренды

❌ Если товар продавался 6 месяцев назад, это не значит, что он востребован сейчас.

✅ Решение: Смотреть тренды продаж за последние 30-60 дней.

**Ошибка №3:** Игнорировать конкуренцию

❌ Даже если товар популярен, если его продают 1000 продавцов, конкурировать будет сложно.

✅ Решение: Ищите уникальные варианты товара (комплекты, редкие модели, новые цвета).

**Ошибка №4:** Ориентироваться только на Terapeak, а не тестировать товары

❌ Данные Terapeak – это статистика, но реальные продажи могут отличаться.

✅ Решение: Тестировать небольшие партии товаров перед масштабными закупками.

## 📌 Итог: Как правильно использовать eBay Terapeak?

- Использовать поиск Terapeak для анализа спроса.
- Оценивать Sell-through Rate (чем выше, тем лучше).
- Анализировать ценовой диапазон (не продавать слишком дёшево).
- Изучать конкурентов и копировать их успешные стратегии.
- Смотреть тренды продаж и учитывать сезонность.
- Тестировать товары перед крупными закупками.

Теперь, когда ты умеешь анализировать товары с помощью Terapeak, давай разберемся, как находить тренды и сезонные товары!

# Тренды и сезонные товары на eBay: Как предсказывать спрос и зарабатывать больше 🚀

📌 Введение: Почему важно учитывать тренды и сезонность?

Один из главных секретов успешных продавцов eBay – это умение предугадывать тренды и правильно работать с сезонными товарами.

Почему это важно?

✅ Попадание в тренд = резкий рост продаж и высокая маржа.

✅ Правильная работа с сезонными товарами позволяет заранее подготовиться и заработать больше.

✅ Снижение конкуренции – если начать продавать тренд раньше других, можно захватить большую долю рынка.

💡 Пример: Вспомним, как во время пандемии вырос спрос на маски, антисептики, веб-камеры и тренажеры для дома. Те, кто успел закупить эти товары заранее, заработали тысячи долларов в месяц.

📌 Что ты узнаешь в этом разделе?

✅ Как находить новые тренды и прогнозировать популярность товаров.

✅ Как анализировать сезонность товаров и готовиться к всплескам продаж.

✅ Какие инструменты помогают следить за трендами в реальном времени.

✅ Какие категории товаров чаще всего зависят от сезона.

**Если ты научишься работать с трендами и сезонными товарами, ты сможешь продавать товары в нужный момент, когда спрос максимальный и конкуренция ещё низкая!**

## Где искать тренды на eBay? (5 лучших источников)

📌 Чтобы находить товары, которые будут популярны в ближайшие месяцы, нужно использовать специальные инструменты.

**🔷 Способ 1: eBay Trending Searches (Встроенный поиск трендов eBay)**

- eBay показывает список популярных поисковых запросов.
- Чем чаще люди ищут товар, тем выше вероятность, что он будет хорошо продаваться.
- `Проверить тренды можно в eBay Seller Hub → Marketing → Trending Searches.`

💡 Пример: Если в поиске eBay резко вырос интерес к “Smart Ring” (умные кольца), возможно, это новый тренд.

◆ **Способ 2: eBay Terapeak (Анализ продаж за последние месяцы)**

- В Terapeak можно посмотреть, как изменялся спрос на товар за последние 12-24 месяца.
- Если товар стремительно набирает популярность, значит, скоро на него будет высокий спрос.

💡 Пример: В Terapeak можно увидеть, что электросамокаты в апреле-августе продаются активнее, чем зимой.

◆ **Способ 3: Google Trends (Поиск глобальных трендов)**

- Google Trends помогает увидеть, какие товары становятся популярными в поисковых системах.
- Чем больше запросов на товар в Google, тем выше вероятность, что он будет востребован на eBay.

📌 Как использовать Google Trends?

1. Перейти на Google Trends.
2. Ввести название товара (например, "home gym equipment").
3. Посмотреть график популярности → растет или падает спрос?
4. Проверить, в каких странах этот товар самый популярный.

💡 Пример: В 2020 году Google Trends показал резкий рост запросов "home gym" → сразу стало ясно, что домашние тренажеры – тренд.

◆ **Способ 4: Amazon Best Sellers (Тренды с Amazon, которые приходят на eBay)**

- Amazon – крупнейшая торговая площадка, и тренды здесь появляются раньше, чем на eBay.
- Можно зайти на Amazon Best Sellers и увидеть, какие товары сейчас самые популярные.
- Если тренд ещё не добрался до eBay, можно стать одним из первых продавцов и заработать больше.

💡 Пример: Если на Amazon резко начали покупать портативные проекторы, можно проверить спрос на eBay и попробовать их продавать.

◆ **Способ 5: TikTok & соцсети (Вирусные тренды)**

- Многие тренды начинаются именно в TikTok и Instagram.
- Можно следить за популярными хэштегами, например:

  #TikTokMadeMeBuyIt (товары, которые стали популярными из-за TikTok).

  #TrendingNow (актуальные тренды).

- Если товар становится вирусным в соцсетях, скоро он начнёт хорошо продаваться на eBay.

💡 Пример: После популярности видео с мини-блендерами PopBabies продажи таких товаров резко выросли.

## Как работать с сезонными товарами? (ТОП-5 сезонных ниш)

📌 Некоторые товары продаются только в определённые месяцы, но приносят огромные доходы в пиковый сезон.

◆ **Лето (май – август):**

- ❖ Туристическое снаряжение (рюкзаки, палатки, спальники).
- ❖ Велосипеды и электросамокаты.
- ❖ Летняя одежда и пляжные аксессуары.

◆ **Осень (сентябрь – ноябрь):**

- ❖ Осенние ботинки, куртки, дождевики.
- ❖ Школьные принадлежности и рюкзаки.
- ❖ Декор на Хэллоуин.

◆ **Зима (декабрь – февраль):**

- ❖ Новогодние украшения, гирлянды, подарки.
- ❖ Одежда для зимних видов спорта (лыжи, сноуборды).
- ❖ Обогреватели, термобельё, зимняя обувь.

◆ **Весна (март – май):**

- ❖ Товары для садоводов (лопаты, теплицы, удобрения).
- ❖ Фитнес-товары (спортинвентарь, беговые дорожки).
- ❖ Очки, кепки, солнцезащитные кремы.

💡 **Совет:** Начинай закупать сезонные товары за 1-2 месяца до пикового спроса, когда конкуренция ещё низкая.

## Ошибки, которых нужно избегать при работе с трендами и сезонными товарами

**Ошибка №1:** Слишком поздно заходить в тренд

❌ Если ты начал продавать товар, когда его уже продают сотни продавцов, конкурировать будет сложно.

✅ Решение: Следи за трендами заранее и заходи на рынок первым.

**Ошибка №2:** Закупать трендовый товар без тестирования

❌ Иногда тренд быстро проходит, и ты можешь остаться с ненужным товаром.

✅ Решение: Покупай маленькую партию товара и тестируй спрос.

**Ошибка №3:** Игнорировать сезонность

❌ Многие новички закупают летние товары в августе – когда спрос уже падает.

✅ Решение: Планируй закупки заранее, минимум за 2 месяца.

### 📌 Итог: Как зарабатывать на трендах и сезонных товарах?

★ Используй eBay Trending Searches, Google Trends, Amazon Best Sellers для поиска трендов.

★ Следи за вирусными товарами в TikTok и Instagram.
★ Покупай сезонные товары за 1-2 месяца до пика продаж.
★ Избегай ошибок: не опаздывай с трендами, тестируй товары перед закупкой.

Теперь, когда ты знаешь, как находить тренды и сезонные товары, давай разберемся, какие способы продаж существуют на eBay и какие из них самые прибыльные. Начнём с дропшиппинга — одного из самых популярных методов торговли без вложений! 🚀

# Дропшиппинг на eBay: плюсы и минусы

📌 Введение: Что такое дропшиппинг и как он работает?

**Дропшиппинг** – это способ торговли, при котором продавец не хранит товары у себя, а просто передает заказы поставщику, который отправляет товар напрямую покупателю.

Как работает дропшиппинг на eBay?

1. Продавец выставляет товар на eBay (по своей цене, с наценкой).
2. Когда покупатель делает заказ, продавец покупает этот товар у поставщика (AliExpress, CJ Dropshipping, оптовые базы).
3. Поставщик отправляет товар напрямую клиенту, а продавец получает свою прибыль (разницу между ценой покупки и ценой продажи).

📌 Пример:

1. Продавец нашел на AliExpress Bluetooth-наушники за $10.
2. Выставил их на eBay за $25.
3. Покупатель купил их за $25, продавец оформил заказ у поставщика, и тот отправил товар.
4. Продавец заработал $15 за вычетом комиссии eBay.

💡 **Дропшиппинг** – это популярная бизнес-модель, потому что она позволяет зарабатывать без вложений в склад и закупки. Однако у неё есть и минусы.

## **Плюсы** дропшиппинга на eBay:

✅ Дропшиппинг на eBay привлекает новичков, потому что он позволяет начать бизнес без больших инвестиций.

✅ Не нужно закупать товары заранее

✅ В отличие от традиционной торговли, тебе не нужно покупать товар оптом и хранить его на складе.

✅ Ты начинаешь зарабатывать без больших вложений.

✅ Не нужно беспокоиться о остатках товара, сроках хранения и логистике.

✅ Главное – найти хороший товар и выставить его на eBay.

✅ Все расходы – только комиссия eBay и возможная плата за рекламу.

✅ Минимальный стартовый капитал. Можно начать бизнес с $0, так как ты платишь за товар только после того, как его купил покупатель.

✅ Широкий ассортимент товаров. Можно продавать тысячи разных товаров, потому что не нужно держать склад.

✅ **Легко менять ассортимент → если товар плохо продаётся, просто заменяешь его на Можно тестировать разные ниши, пока не найдёшь самую прибыльную.**

✅ Гибкость и масштабируемость. Дропшиппинг можно масштабировать без ограничений.

✅ Если товар хорошо продаётся, можно добавить больше позиций и увеличить доход.

✅ Можно работать с разными поставщиками и регионами, продавая товары по всему миру.

✅ Возможность автоматизации. Существуют инструменты для автоматического управления заказами. Можно автоматически загружать товары на eBay с AliExpress. Можно автоматизировать обработку заказов и общение с поставщиками. Пример автоматизации: Сервис **AutoDS** позволяет автоматически добавлять товары с AliExpress и Amazon, а также автоматически оформлять заказы у поставщиков.

📌 **Вывод:** Дропшиппинг позволяет начать бизнес без вложений, продавать много разных товаров и масштабировать доход. Однако у этой модели есть и недостатки, о которых важно знать.

k

## **Минусы** дропшиппинга на eBay:

❌ Дропшиппинг – это самый популярный способ торговли среди новичков, поэтому конкуренция очень высокая. Ты будешь конкурировать с тысячами таких же продавцов.

❌ Часто приходится снижать цену, чтобы привлечь клиентов, а это уменьшает прибыль.

❌ Долгая доставка (особенно с AliExpress). Основная проблема – поставщики из Китая отправляют товары очень долго (2-5 недель). Покупатели не хотят ждать по 30 дней. Долгая доставка = негативные отзывы и отмены заказов.

❌ Ограничения eBay и риски блокировки. eBay не очень любит дропшиппинг и может заблокировать аккаунт за несоблюдение правил.

❌ Нельзя использовать Amazon, Walmart и другие ритейлеры как поставщиков.

❌ Если у тебя много отмен заказов или плохие отзывы, eBay может снизить рейтинг аккаунта.

❌ Низкая маржинальность. В дропшиппинге наценка обычно 20-30%, а не 100-200%, как при оптовых закупках.

❌ Учитывая комиссии eBay и Payoneer, чистая прибыль может быть очень маленькой.

❌ Проблемы с возвратами и жалобами. Если товар некачественный или приходит с браком, покупатель может потребовать возврат. В дропшиппинге сложно делать возвраты, потому что товар отправлен от поставщика.

❌ Частые жалобы могут снизить рейтинг аккаунта.

💡 Решение:

✅ Выбирать узкие ниши, где меньше конкурентов.

✅ Искать уникальные товары, а не продавать то же, что и все.

✅ Использовать Terapeak, чтобы находить прибыльные товары с низкой конкуренцией.

✅ Работать с локальными поставщиками (CJ Dropshipping, Spocket, SaleHoo).

✅ Выбирать товары с быстрой доставкой (AliExpress Standard Shipping, FedEx, UPS).

✅ Работать только с официальными поставщиками (AliExpress, CJ Dropshipping, SaleHoo).

✅ Следить за рейтингом аккаунта и качеством обслуживания покупателей.

✅ Искать товары с высокой маржой.

✅ Добавлять наценку за “премиум”-обслуживание (например, предлагать ускоренную доставку).

✅ Работать только с проверенными поставщиками.

✅ Выбирать товары с хорошими отзывами и высоким рейтингом.

✅ Добавлять “защитный буфер” в цену товара, чтобы покрывать возвраты.

## 📌 Итог: стоит ли заниматься дропшиппингом на eBay?

**Плюсы:**

✅ Можно начать без вложений.

✅ Не нужно хранить товары.

✅ Легко масштабировать бизнес.

✅ Можно продавать тысячи разных товаров.

**Минусы:**

❌ Высокая конкуренция.

❌ Долгая доставка с AliExpress.

❌ Риски блокировки eBay.

❌ Маленькая маржинальность.

❌ Проблемы с возвратами.

💡 **Вывод:** Дропшиппинг на eBay – это хорошая стратегия для старта, но в долгосрочной перспективе лучше переходить на продажу собственных товаров или использовать FBA (Fulfillment by Amazon).

# Продажа б/у товаров и коллекционных вещей на eBay

📌 Введение: Почему б/у товары – это выгодный бизнес?

**Факт:** eBay – это лучшая платформа для продажи подержанных вещей и коллекционных товаров.

В отличие от Amazon, где продают в основном новые товары, на eBay активно торгуют б/у вещами, и это огромный рынок.

Почему это выгодно?

- Можно продавать вещи без вложений – находить их дома, покупать на барахолках, аукционах, блошиных рынках.
- Многие покупатели специально ищут винтажные, раритетные и коллекционные вещи.
- На eBay есть спрос на товары, которые больше нигде нельзя найти.

💡 Пример:

👕 Брендовая одежда – б/у вещи от Nike, Adidas, Levi's продаются в 2-3 раза дешевле новых, но остаются популярными.

📻 Ретро-техника – кассетные плееры Sony 80-х годов продаются дороже, чем новые MP3-плееры.

? Коллекционные монеты – старые монеты можно купить у коллекционеров и перепродать дороже.

📌 Что ты узнаешь в этом разделе?

✅ Какие б/у товары лучше всего продаются на eBay?

✅ Как находить редкие и ценные вещи для перепродажи?

✅ Как правильно оформлять объявления, чтобы быстро продать товар?

✅ Какие ошибки допускают новички при продаже б/у товаров?

Если научиться правильно искать, оценивать и продавать подержанные товары, можно зарабатывать тысячи долларов в месяц, не имея склада и больших вложений.

## Какие б/у товары лучше всего продаются на eBay?

📌 ТОП-10 категорий, которые продаются быстрее всего:

✅ Брендовая одежда и обувь – Nike, Adidas, Levi's, The North Face, Patagonia.

✅ Часы и аксессуары – винтажные Casio, Seiko, Fossil, Ray-Ban, Zippo.

✅ Коллекционные вещи – старые монеты, банкноты, почтовые марки, антиквариат.

✅ Ретро-электроника – кассетные и CD-плееры, камеры, игровые консоли.

✅ Игрушки и коллекционные фигурки – Lego, Funko Pop, коллекционные машинки.

✅ Музыкальные пластинки и кассеты – виниловые пластинки, магнитофонные кассеты 80-90-х.

✅ Автозапчасти и аксессуары – редкие детали для старых машин.

✅ Старые книги и комиксы – коллекционные издания, манга, Marvel, DC.

✅ Инструменты – электроинструменты, наборы отверток, гаечных ключей.

✅ Спортивный инвентарь – винтажные кроссовки, велосипеды, сноуборды.

💡 **Совет:** Если у тебя дома есть старые брендовые вещи, коллекционные предметы или ретро-электроника – их можно продать на eBay с прибылью!

## Где находить б/у товары для продажи? Лучшие способы найти вещи для перепродажи

◆ **Собственный дом (поиск ненужных вещей)**

У каждого есть вещи, которые больше не нужны:

- ➔ Одежда, которая уже не носится.
- ➔ Старые телефоны, камеры, аксессуары.
- ➔ Виниловые пластинки, ретро-консоли, музыкальные кассеты.

💡 Пример: Продажа старого iPhone 7 на eBay может принести $150-200.

◆ **Блошиные рынки, секонд-хенды, гаражные распродажи**

- ➔ На таких рынках можно найти уникальные вещи за копейки и продать их дороже.
- ➔ Люди продают антиквариат, одежду, книги, технику, коллекционные предметы.
- ➔ Часто продавцы не знают реальную стоимость вещей, и можно найти редкие товары по низкой цене.

💡 Пример: На блошином рынке можно купить винтажную зажигалку Zippo за $5 и продать её на eBay за $50.

**◆ Онлайн-аукционы и объявления (eBay, Craigslist, Facebook Marketplace)**

- ➔ Многие люди выставляют старые вещи по заниженным ценам.
- ➔ Можно покупать лотами (оптом) и продавать по отдельности.
- ➔ Часто встречаются редкие коллекционные товары.

💡 Пример: Кто-то продаёт коллекцию старых комиксов за $50, а по отдельности они стоят по $10-15 за штуку.

**◆ Стоковые магазины и дисконт-центры**

- ➔ Магазины типа TJ Maxx, Ross, Marshalls, Costco продают новые брендовые вещи с большими скидками.
- ➔ Можно купить со скидкой 50-70% и перепродать дороже.

💡 Пример: Куртку The North Face можно купить на распродаже за $80 и продать на eBay за $150.

📌 **Вывод:** Самые прибыльные продавцы eBay знают, где находить дешевые товары и как продавать их с прибылью.

# Как правильно оформлять объявления для продажи б/у товаров?

📌 **ТОП-5** правил успешного листинга:

☑ **Хорошие фотографии** – чем качественнее фото, тем быстрее продастся товар.

☑ **Подробное описание** – укажи все характеристики и состояние товара (например, «как новый» или «есть царапины»).

☑ **Ключевые слова в названии** – используй бренд, модель, цвет, размер.

☑ **Честное описание дефектов** – если есть царапины или потертости, лучше честно написать об этом.

☑ **Оптимальная цена** – посмотри, сколько стоят аналогичные товары и установи цену немного ниже, чтобы продать быстрее.

💡 Пример названия листинга:

✕ Плохой заголовок: «Старые часы Seiko»

☑ Хороший заголовок: «Seiko 5 Automatic Vintage 1970s Men’s Watch – Excellent Condition»

## Ошибки, которых стоит избегать при продаже б/у товаров

**Ошибка №1**: Плохие фото товара

❌ Если фото размытые или некачественные, товар будет продаваться дольше.

✅ Решение: Сделай чистый фон, хорошее освещение, несколько ракурсов.

**Ошибка №2**: Завышенная цена

❌ Если поставить цену слишком высокую, покупатели просто выберут конкурентов.

✅ Решение: Посмотри среднюю цену на eBay и установи на 5-10% дешевле.

**Ошибка №3**: Игнорирование описания дефектов

❌ Если продать товар с дефектами без предупреждения, покупатель потребует возврат.

✅ Решение: Всегда указывай все недостатки товара.

**Ошибка №4**: Не учитывать комиссию eBay

❌ eBay берёт около 10-15% комиссии за продажу.

✅ Решение: Всегда учитывай комиссию в цене товара.

📌 Итог: Почему продажа б/у товаров – это прибыльно?

- ★ Можно заработать на ненужных вещах.
- ★ Не нужно вкладывать деньги в закупку.
- ★ Есть огромный спрос на редкие и коллекционные товары.
- ★ Можно находить дешёвые вещи и перепродавать их дороже.

Теперь давай разберемся, какие стратегии используются при продаже товаров на аукционах eBay! 🚀

# Продажа товаров на аукционах eBay: как заработать больше?

📌 Введение: почему аукционы – это один из лучших способов продаж?

eBay – это не только обычная торговая площадка, но и крупнейшая аукционная платформа в мире. В отличие от стандартных продаж с фиксированной ценой, аукционы позволяют получать за товар максимум денег, если правильно их использовать.

Почему продавцы используют аукционы?

- Возможность продать товар по самой высокой возможной цене.
- Отличный способ быстро избавиться от товара, если нужны деньги.
- Повышенный интерес покупателей – аукционы привлекают больше просмотров и ставок.
- Подходит для продажи редких и коллекционных товаров.

💡 Пример:

Если ты продаёшь винтажные часы Rolex, нет смысла устанавливать фиксированную цену – лучше выставить аукцион, и покупатели сами поднимут цену до максимума.

📌 Что ты узнаешь в этом разделе?

✅ Как работают аукционы на eBay?

✅ Какие товары лучше всего продавать через аукционы?

✅ Как правильно выставлять лоты, чтобы получить максимум прибыли?

✅ Какие ошибки делают новички при продаже на аукционах?

💡 Если всё сделать правильно, можно продать товар дороже, чем ожидалось, и привлечь больше покупателей!

## Как работают аукционы на eBay?

📌 **eBay Auctions (Аукционы)** – это формат продаж, при котором начальная цена устанавливается продавцом, а покупатели делают ставки. В конце аукциона товар покупает тот, кто предложил самую высокую цену.

◆ <u>Ключевые элементы аукциона</u>:

- Стартовая цена – самая низкая цена, с которой начинается аукцион.
- Минимальная резервная цена (Reserve Price) – если продавец не хочет продавать товар дешевле определенной суммы, он устанавливает резервную цену. Если финальная ставка ниже этой цены, товар не продается.
- Шаг ставок (Bid Increment) – минимальная сумма, на которую должна увеличиваться ставка (например, $1, $5, $10).
- “Buy It Now” (Купить сейчас) – возможность добавить кнопку мгновенной покупки по фиксированной цене.

💡 Пример работы аукциона:

1. Ты выставляешь винтажную камеру Polaroid с начальной ценой $10.
2. За неделю товар набирает 20 ставок, и цена поднимается до $75.
3. В конце аукциона победитель покупает камеру за $75.
4. Ты получаешь деньги и отправляешь товар покупателю.

📌 **Вывод:** Если товар редкий и востребованный, аукцион может принести гораздо больше денег, чем фиксированная цена.

📌 Аукционы подходят не для всех товаров! Лучше всего продаются редкие, коллекционные и уникальные вещи.

## 🔥 ТОП-10 категорий, которые лучше всего продаются на аукционах

- ➔ **Коллекционные монеты и банкноты** – редкие и юбилейные монеты.
- ➔ **Винтажные часы и украшения** – Rolex, Omega, Cartier, Tiffany & Co.
- ➔ **Антиквариат и старинные предметы** – старинные фотоаппараты, мебель, статуэтки.
- ➔ **Редкие книги и комиксы** – первые выпуски Marvel, DC, коллекционные издания.

➔ **Ретро-электроника** – кассетные плееры, первые компьютеры Apple, игровые консоли.

➔ **Спортивные меморабилия** – футболки с автографами, бейсбольные карточки, билеты на старые матчи.

➔ **Коллекционные игрушки** – фигурки Star Wars, Lego, Hot Wheels.

➔ **Картины и произведения искусства** – авторские работы, гравюры, литографии.

➔ **Редкие автомобили и запчасти** – классические машины, диски, значки, детали от ретро-авто.

➔ **Одежда и обувь премиум-брендов** – винтажные вещи от Louis Vuitton, Gucci, Chanel.

💡 **Совет:** Если товар редкий и его сложно оценить – аукцион поможет определить его реальную стоимость.

## Как правильно выставлять товары на аукцион? (ТОП-5 советов)

📌 Если аукцион настроен неправильно, ты можешь продать товар дешевле, чем он стоит!

**1. Устанавливай разумную стартовую цену**

❌ Ошибка новичков – ставить слишком низкую цену ($1-5), надеясь, что она поднимется.

✅ Оптимальная стартовая цена – 30-50% от реальной стоимости товара.

💡 Пример:

Если коллекционная монета стоит $500, лучше ставить стартовую цену $250, а не $1.

**2. Используй резервную цену (Reserve Price)**

📌 Если ты не хочешь продавать товар дешевле определенной суммы, устанавливай минимальную цену.

💡 Пример:

Если ты продаёшь винтажные часы Seiko и не хочешь продавать их дешевле $200, ставь Reserve Price = $200.

Важно: eBay берёт дополнительную комиссию за установку резервной цены!

**3. Добавь опцию “Buy It Now” (Купить сейчас)**

📌 Некоторые покупатели не хотят ждать конца аукциона и готовы купить товар немедленно.

❖ Можно добавить опцию мгновенной покупки по фиксированной цене.
❖ Это помогает избежать продажи товара слишком дёшево.

💡 Пример:

Ты продаёшь коллекционные кроссовки Nike → стартовая цена $50, а кнопка “Купить сейчас” за $120.

**4. Выставляй аукцион на 7 дней (оптимальный срок)**

📌 Чем дольше идет аукцион, тем больше ставок он набирает.

- ❖ Оптимальный срок – 7 дней (за это время больше людей успеют сделать ставки).
- ❖ Для срочных продаж можно выбрать 3-дневный аукцион, но он принесет меньше ставок.

💡 Пример:

Аукцион на 3 дня может собрать 5 ставок, а на 7 дней – 20-30 ставок.

**5. Заверши аукцион в правильное время**

📌 Лучшее время для завершения аукциона – вечер (18:00 – 22:00 по американскому времени).

- ❖ **В это время максимальное количество людей в сети → больше ставок в последние минуты.**
- ❖ Избегай завершения аукциона рано утром или ночью – меньше активности покупателей.

💡 **Совет:** Запусти аукцион в четверг или пятницу, чтобы он завершился в воскресенье вечером – это пик активности на eBay.

## Ошибки, которые допускают новички при продаже на аукционах

**Ошибка №1:** Слишком низкая стартовая цена без резервной цены

❌ Если поставить стартовую цену $1 без резервной цены, товар может уйти за копейки.

✅ Решение: Использовать резервную цену или “Buy It Now”.

**Ошибка №2:** Завершение аукциона в неудобное время

❌ Если аукцион заканчивается в 3 утра по Нью-Йорку, многие покупатели не смогут сделать финальные ставки.

✅ Решение: Завершать аукцион в вечернее время (18:00 – 22:00).

**Ошибка №3:** Использование плохих фото

❌ Чем хуже фото, тем меньше ставок.

✅ Решение: Загружать качественные фото с разных ракурсов.

## 📌 Итог: стоит ли продавать на аукционах eBay?

★ Лучший способ продать редкие и коллекционные товары.
★ Можно заработать больше, чем при фиксированной цене.
★ Аукционы привлекают больше просмотров и покупателей.
★ Но важно правильно настроить аукцион, чтобы не продешевить.

# Создание идеального листинга объявления. Как правильно написать заголовок для eBay SEO

📌 Введение: почему заголовок объявления так важен?

На eBay заголовок (Title) – это первое, что видит покупатель, и именно он влияет на попадание в поиск и количество просмотров. Если заголовок слабый или неправильно составлен, товар не будет находиться в поиске, и продажи будут низкими.

Почему заголовок играет ключевую роль?

- ➔ eBay использует заголовок для индексации и ранжирования объявлений в поиске.
- ➔ Чем лучше заголовок, тем выше товар поднимается в выдаче.
- ➔ Покупатели решают, кликнуть на объявление или нет, глядя на заголовок.

💡 Пример:

❌ Плохой заголовок: "Крутые наушники Bluetooth"

✅ Хороший заголовок: "Sony WH-1000XM5 Bluetooth Noise Cancelling Headphones – Black – New"

📌 Что ты узнаешь в этом разделе?

✅ Как eBay анализирует заголовки и почему SEO так важно.

✅ Какие слова обязательно должны быть в заголовке.

✅ Как избежать типичных ошибок при создании заголовков.

✅ Формула идеального заголовка, который привлекает покупателей.

💡 Если ты научишься писать правильные заголовки, твои товары будут чаще попадать в поиск, а значит – больше продаж!

## Как работает eBay SEO? (алгоритм Cassini)

📌 eBay использует специальный алгоритм поиска – Cassini, который анализирует заголовки, описание, фото и цену товара.

**Cassini** оценивает заголовок по нескольким критериям:

- **Ключевые слова** – насколько они соответствуют тому, что ищут покупатели.
- **Полнота информации** – использует ли заголовок максимально возможное количество символов (до 80).
- **Уникальность** – отличается ли он от тысяч других заголовков.
- **Понятность для покупателя** – легко ли понять, что это за товар.

💡 Простой тест: если заголовок читается логично и сразу даёт полную информацию о товаре, значит, он хороший.

2️⃣ Структура идеального заголовка eBay (формула)

📌 Идеальный заголовок на eBay включает:

1. **Бренд (если есть)** – покупатели чаще ищут товары по брендам.
2. **Название модели / серийный номер** – если у товара есть модель, она должна быть указана.
3. **Основная категория товара** – что это за товар (наушники, камера, кроссовки и т. д.).
4. **Ключевые характеристики** – Bluetooth, водонепроницаемый, беспроводной, кожаный и т. д.
5. **Состояние товара** – новый (New), б/у (Used), восстановленный (Refurbished).
6. **Дополнительные важные детали** – цвет, размер, ёмкость памяти, мощность.

Примеры хороших заголовков:

➔ Apple iPhone 14 Pro Max 256GB – Deep Purple – Factory Unlocked – New Sealed

➔ Nike Air Jordan 1 Retro High OG Black Red Sneakers – Men's US 10 – 2023 Edition

➔ Dell XPS 15 9500 Laptop – Intel i7, 16GB RAM, 512GB SSD – Windows 11 – New

💡 **Формула заголовка:**

[Бренд] + [Модель] + [Основная характеристика] + [Состояние] + [Дополнительные детали]

Пример для разных товаров:

- Часы: Seiko 5 Automatic Stainless Steel Men's Watch SNK809 – Black Dial – New
- Автозапчасти: Bosch Premium Oil Filter 3323 – For Toyota, Honda, Lexus – New
- Игрушки: LEGO Star Wars Millennium Falcon 75257 – Brand New, Sealed

## 7 правил написания заголовков для eBay SEO

**1. Используй максимум символов (80 из 80!)**

📌 eBay дает 80 символов – используй их полностью!

❌ Плохо: «Наушники Sony Bluetooth» (20 символов)

✅ Хорошо: «Sony WH-1000XM5 Noise Cancelling Wireless Bluetooth Headphones – Black – New» (80 символов)

💡 Чем длиннее заголовок, тем больше ключевых слов он содержит, а значит – выше вероятность попадания в поиск!

**2. Первые 3-4 слова – самые важные!**

📌 Алгоритм eBay уделяет больше внимания первым словам заголовка.

❌ Плохо: «Новейшие и очень крутые беспроводные наушники Sony»

✅ Хорошо: «Sony WH-1000XM5 Noise Cancelling Wireless Headphones – Black»

💡 Важные ключевые слова должны стоять в начале заголовка!

**3. Пиши понятные и логичные заголовки**

📌 Не используй “кликбейтные” заголовки – это снижает доверие.

> ❌ Плохо: «ЛУЧШИЙ НА РЫНКЕ! Суперскидка! СУПЕР ТОВАР!»
>
> ✅ Хорошо: «Samsung Galaxy S23 Ultra 256GB – Phantom Black – Factory Unlocked – New»

💡 Заголовок должен быть ясным, а не выглядеть как реклама.

**4. Используй точные слова, которые ищут покупатели**

📌 Проверяй ключевые слова в eBay Search Bar → набирай товар в поиске и смотри, какие слова eBay предлагает автоматически.

💡 Пример:

Если вводишь “iPhone 14” и eBay предлагает “iPhone 14 Pro Max 256GB Unlocked” – значит, это популярный запрос, и его нужно использовать.

**5. Избегай лишних символов, заглавных букв и эмодзи**

> ❌ Плохо: “🔥🔥НОВЫЙ iPhone 14 PRO MAX 512GB 🚀💎”
>
> ✅ Хорошо: “Apple iPhone 14 Pro Max 512GB – Unlocked – Space Black – New”

💡 Лишние символы не помогают, а наоборот – ухудшают восприятие заголовка.

**6. Не добавляй ложную информацию**

📌 Если товар "б/у", не пиши "новый" – это приведёт к жалобам и возвратам.

> ❌ Плохо: "AirPods Pro – Новый (Refurbished)"
>
> ✅ Хорошо: "Apple AirPods Pro (2nd Gen) – Refurbished – Excellent Condition"

**7. Добавляй важные характеристики (но не дублируя их в заголовке дважды)**

📌 Если есть несколько характеристик (цвет, размер, модель) – включай их в заголовок.

> ❌ Плохо: "iPhone 14 Pro Max iPhone 14 Pro Max iPhone 14 Pro Max" (дублирование)
>
> ✅ Хорошо: "Apple iPhone 14 Pro Max 256GB – Deep Purple – Unlocked – New"

## 📌 Итог: Как создать идеальный заголовок для eBay?

- ★ Используй 80 символов по максимуму.
- ★ Первые 3-4 слова – самые важные.
- ★ Добавляй ключевые характеристики (модель, цвет, состояние).
- ★ Проверяй популярные ключевые слова в поиске eBay.
- ★ Не используй лишние символы и заглавные буквы.
- ★ Делаешь заголовок понятным и логичным – без "кликбейта".

Теперь, когда заголовок готов, давай разберёмся, как правильно писать описание товара, используя ключевые слова и форматирование! 🚀

## Описание товара на eBay: структура, ключевые слова и форматирование

📌 Введение: почему описание товара так важно?

На eBay описание товара (Item Description) – это вторая по важности часть объявления после заголовка. Если заголовок помогает привлечь внимание, то описание помогает убедить покупателя купить товар.

Почему хорошее описание товара повышает продажи?

➔ Покупатель получает подробную информацию о товаре и принимает решение о покупке.
➔ Хорошее описание повышает рейтинг листинга в поиске eBay (SEO).
➔ Чёткие характеристики и фото снижают вероятность возвратов и споров.
➔ Описание помогает развеять сомнения покупателя и подтолкнуть его к покупке.

💡 Пример:

❌ Плохое описание: "Продаю iPhone 13, всё работает, без царапин."

✅ Хорошее описание: "Apple iPhone 13 128GB – Midnight Black – Factory Unlocked – Отличное состояние. Батарея 95%. В комплекте оригинальная коробка и кабель."

📌 Что ты узнаешь в этом разделе?

✅ Как правильно структурировать описание товара.

✅ Какие ключевые слова помогают улучшить видимость в поиске.

✅ Как избежать типичных ошибок, которые снижают продажи.

✅ Как оформлять текст, чтобы он был удобочитаемым.

💡 Если научиться писать правильные описания, можно повысить конверсию продаж и минимизировать возвраты!

## Структура идеального описания товара

📌 Описание должно быть логичным, структурированным и легко читаемым.

◆ Оптимальная структура описания:

1. Краткое введение (1-2 предложения) – что за товар, основные характеристики.
2. Основные характеристики (ключевые параметры товара).
3. Комплектация (что входит в комплект поставки?).
4. Состояние товара (новый, б/у, восстановленный, есть ли дефекты?).
5. Дополнительная информация (гарантия, доставка, условия возврата).

💡 Пример структуры для iPhone 13 Pro:

Описание товара:

◆ Apple iPhone 13 Pro 128GB – Sierra Blue – Factory Unlocked.

Этот смартфон обеспечивает мощность и скорость работы благодаря процессору A15 Bionic.

Отличная камера с функцией ночной съёмки и OLED-дисплей Super Retina XDR делают его идеальным выбором.

Основные характеристики:

➢ Модель: iPhone 13 Pro
➢ Объем памяти: 128GB
➢ Цвет: Sierra Blue
➢ Состояние: Новый, запечатанный в оригинальной упаковке
➢ Разблокирован: Да, работает с любыми операторами

Комплектация:

✔ Оригинальная коробка

✔ Кабель USB-C to Lightning

✔ Инструкция и документация

Дополнительно:

★ Отправка в течение 24 часов после оплаты.
★ Гарантия 12 месяцев.
★ Возможен возврат в течение 30 дней (при условии сохранения упаковки).

💡 Такое описание структурировано, легко читается и содержит всю важную информацию.

## Как использовать ключевые слова для SEO eBay?

📌 eBay анализирует не только заголовок, но и текст описания. Использование правильных ключевых слов помогает товару попадать в поиск и увеличивать просмотры.

◆ Где брать ключевые слова?

- ➢ eBay Search Bar – введи название товара и посмотри, какие слова предлагает eBay.
- ➢ eBay Terapeak – проверь, какие слова используют конкуренты в своих описаниях.
- ➢ Google Trends – можно посмотреть популярные запросы по товару.

💡 Какие ключевые слова важны?

- Марка и модель: Samsung Galaxy S22 Ultra, Sony WH-1000XM5.
- Основные характеристики: Wireless, Bluetooth, Noise Cancelling, Waterproof.
- Альтернативные названия: "смартфон iPhone", "телефон Apple", "мобильный телефон".
- Дополнительные детали: Unlocked, Brand New, Refurbished, Original, OEM.

📌 Пример:

❌ Плохо: "Продаётся телефон, в хорошем состоянии."

✅ Хорошо: "Apple iPhone 13 Pro Max 256GB – Unlocked – Graphite – Like New – 100% Battery Health"

💡 Чем больше релевантных ключевых слов в тексте, тем выше шанс, что eBay покажет объявление в поиске!

## Как правильно форматировать описание товара?

📌 Хороший текст = удобочитаемый текст!

❌ Чего нельзя делать:

- Не пиши сплошным текстом без абзацев – это сложно читать.
- Не используй слишком много заглавных букв – это раздражает покупателей.
- Не добавляй избыточные украшения (эмодзи, символы, лишние восклицательные знаки).

✅ Как правильно оформлять описание:

➔ Используй маркированные списки – они помогают быстро усваивать информацию.

➔ Выделяй важные моменты жирным текстом (например, цвет, модель, состояние).

➔ Делай абзацы, а не пишите "простыню" текста.

📌 Пример правильного форматирования:

Samsung Galaxy S22 Ultra 512GB – Phantom Black – Factory Unlocked

Основные характеристики:

✔ Модель: Galaxy S22 Ultra

✔ Объем памяти: 512GB

✔ Цвет: Phantom Black

✔ Состояние: Новый, запечатанный

Комплектация:

✔ Смартфон Samsung Galaxy S22 Ultra

✔ Кабель USB-C

✔ Гарантия 12 месяцев

Доставка и оплата:

✔ Отправка в течение 24 часов после заказа

✔ Бесплатная доставка по США

✔ Возможен возврат в течение 30 дней

💡 Такое описание удобно читать, оно выглядит профессионально и вызывает доверие.

## Частые ошибки в описании товаров

**Ошибка №1**: Недостаток информации

> ✖ «Продаю кроссовки Adidas, всё в порядке.»
>
> ✅ Решение: добавлять размер, цвет, модель, состояние.

**Ошибка №2**: Плохая структура текста

> ✖ Сплошной текст без разделения на блоки – сложно читать.

✅ Решение: использовать списки, выделять ключевые моменты.

**Ошибка №3**: Ложная информация

❌ Писать «Новый», если товар б/у → приводит к возвратам и негативным отзывам.

✅ Решение: всегда указывать реальное состояние товара.

**Ошибка №4**: Перегруженность ключевыми словами

❌ «iPhone 13 Pro Max iPhone 13 Pro Max iPhone 13 Pro Max 256GB Unlocked»

✅ Решение: использовать ключевые слова естественно и без повторений.

**Ошибка №5**: Отсутствие гарантий и условий возврата

❌ Покупатели боятся покупать без чётких условий возврата.

✅ Решение: указать, возможен ли возврат, как проходит гарантия.

## 📌 Итог: как создать идеальное описание товара?

✅ Структурируй текст – введение, характеристики, комплектация, состояние, доставка.

✅ Используй ключевые слова для eBay SEO.

✅ Оформляй текст аккуратно, с абзацами и списками.

✅ Указывай честную информацию о товаре.

✅ Добавляй условия доставки, оплаты и возврата.

Теперь переходим к следующему важному пункту – фотографии! 🚀

## Как правильно делать фото товаров, редактировать их и какие требования у eBay?

📌 Введение: почему качественные фото – это ключ к высоким продажам?

**Факт: 90% покупателей принимают решение о покупке по фотографиям товара. Если у объявления плохие фото, даже самый востребованный товар будет продаваться плохо.**

<u>Почему качественные фото важны?</u>

- Вызывают доверие – покупатели видят товар в реальном виде.
- Улучшают видимость в поиске eBay (SEO) – фото с высоким разрешением ранжируются выше.
- Снижают вероятность возвратов – когда покупатель получает то, что видел на фото, он не требует возврат.
- Выделяют среди конкурентов – если у конкурентов плохие фото, можно обойти их просто за счёт качественных изображений.

💡 Пример:

❌ Плохое фото: Тусклое изображение, тёмный фон, размытая картинка.

✅ Хорошее фото: Яркое, на белом фоне, с несколькими ракурсами.

📌 Что ты узнаешь в этом разделе?

- ✅ Какие требования у eBay к фотографиям?
- ✅ Как правильно фотографировать товары?
- ✅ Какие лайфхаки позволяют улучшить фото без фотошопа?
- ✅ Какие бесплатные инструменты использовать для редактирования?
- ✅ Какие ошибки приводят к низким продажам?

💡 Если научиться делать качественные фото, можно повысить конверсию продаж в 2-3 раза!

## Требования eBay к фотографиям товаров

📌 eBay предъявляет жесткие требования к изображениям товаров. Если фото не соответствует стандартам, объявление может быть понижено в поиске или заблокировано.

Основные правила:

- ✔ Минимальное разрешение фото: 500×500 пикселей (рекомендуется 1600×1600 или выше).
- ✔ Фон: Предпочтительно белый или нейтральный, без лишних предметов.
- ✔ Качество: Изображение должно быть чётким, без размытия, засветов и пикселизации.
- ✔ Запрещены водяные знаки, логотипы и текст на фото (eBay может скрыть такие изображения).
- ✔ Минимум одно фото, но лучше 10-12 изображений с разных ракурсов.

✔ Товар должен занимать минимум 80% площади изображения (без большого количества пустого места).

💡 Пример:

✕ Плохо: Фото iPhone на столе с тёмным фоном, с логотипом продавца.

✅ Хорошо: Чёткое фото iPhone на белом фоне, с несколькими ракурсами.

📌 **Вывод**: Чем лучше фото, тем выше шансы на продажу и попадание в топ поиска eBay.

## Как правильно фотографировать товары? (ТОП-5 лайфхаков)

📌 Хорошие фото можно сделать даже на смартфон – главное, соблюдать правильную технику!

**1. Используй хороший источник света**

- ★ Лучшее освещение – естественный дневной свет.
- ★ Если света недостаточно – используй настольную лампу с белым светом.
- ★ Избегай жёлтого или слишком яркого света, который искажает цвета товара.

💡 Лайфхак: Если фотографируешь мелкие товары (часы, телефоны, украшения), используй световой бокс (lightbox) – можно купить на AliExpress за $10-20.

## 2. Используй белый или однотонный фон

- ★ Лучший вариант – белый фон (как в профессиональных магазинах).
- ★ Можно использовать ватман, ткань или белый пластиковый лист.
- ★ Для четкого эффекта можно купить складной фотобокс.

💡 Пример:

❌ Плохо: iPhone сфотографирован на ковре или деревянном столе.

✅ Хорошо: iPhone на чистом белом фоне, без лишних предметов.

📌 Почему белый фон важен?

- ➔ Чистый фон привлекает внимание к товару, а не к окружению.
- ➔ eBay продвигает в поиске объявления с белым фоном выше, чем с цветными фонами.

## 3. Делай несколько фото с разных ракурсов

- ★ Минимум 5-6 фото с разных углов и крупным планом деталей.
- ★ Фотографируй товар спереди, сзади, сбоку, сверху.

★ Если у товара есть функциональные части (разъёмы, кнопки, механизмы) – делай фото вблизи.

★ Если товар имеет повреждения или дефекты, сфотографируй их – это снизит риск возвратов.

💡 Пример:

❌ Плохо: Один снимок кроссовок сбоку.

✅ Хорошо: Фото спереди, сзади, сбоку, снизу (подошва), фото бирки с размером.

**4. Сравни размер товара с известными предметами**

★ Если товар маленький или крупный, добавь рядом объект для сравнения.

★ Например, положи монету рядом с брелком, чтобы показать его размер.

★ Для сумок, обуви и одежды можно использовать линейку или коробку.

💡 Это помогает покупателю представить реальный размер вещи и избежать возвратов.

**5. Держи камеру ровно и не тряси**

★ Размытые фото снижают доверие и уменьшают продажи.

★ Держи телефон двумя руками или используй штатив.

★ Включай режим HDR на телефоне для более детализированных фото.

💡 Лайфхак: Если фотографируешь гладкие предметы (телефоны, зеркала, глянцевые поверхности) – держи камеру немного под углом, чтобы избежать бликов.

## Лучшие бесплатные инструменты для редактирования фото

📌 Если фото получились слишком тёмными или с недостатками, их можно легко исправить!

✅ Canva – бесплатный редактор с функцией удаления фона.

✅ Remove.bg – автоматически удаляет фон за 2 секунды.

✅ Snapseed (Google) – приложение для быстрой коррекции освещения и цветов.

✅ Adobe Lightroom (бесплатная версия) – идеален для точной настройки света и теней.

💡 Пример:

1. Сфотографируй товар на любом фоне.
2. Зайди на Remove.bg → удали фон одним кликом.
3. В Canva добавь белый фон и немного увеличь контраст.
4. Получи профессиональное фото за 5 минут!

📌 **Вывод**: Редактирование фото – это важный этап, который делает изображения более привлекательными и профессиональными.

## Ошибки, которые портят фотографии и снижают продажи

**Ошибка №1**: Плохое освещение

❌ Если фото тёмное или пересвеченное, товар выглядит непрезентабельно.

✅ Решение: Использовать дневной свет или белую лампу.

**Ошибка №2**: Лишние предметы в кадре

❌ Не стоит фотографировать товар на пыльном столе, кровати или ковре.

✅ Решение: Белый фон или световой бокс.

**Ошибка №3**: Размытые или пиксельные фото

❌ Если картинка нечеткая, покупатель подумает, что товар поврежден.

✅ Решение: Использовать штатив или режим HDR.

📌 Итог: как делать идеальные фото товаров для eBay?

✅ Светлый фон, хороший свет, четкие детали.

✅ Несколько ракурсов, фото крупным планом.

✅ Удаление фона и улучшение качества фото.

✅ Избегать размытых, темных и низкокачественных снимков.

📌 Теперь переходим к следующему разделу – доставка и логистика! Как правильно отправлять товары по США, Европе и миру? 🚀

# Как отправлять товары по США, Европе и миру: доставка и логистика на eBay

📌 Введение: почему правильная логистика – это ключ к успеху?

**Факт:** Более 60% покупателей eBay находятся в США и Европе, поэтому грамотная система доставки – важнейший фактор успеха для продавца.

Почему важно правильно организовать доставку?

- Быстрая доставка → больше положительных отзывов и возвратных клиентов.
- Низкие расходы на пересылку → выше прибыль.
- Глобальный рынок → больше покупателей и выше средний чек.
- Меньше проблем с eBay и возвратами → защита от споров.

💡 Пример:

❌ Плохая логистика: доставка только в одну страну, высокая стоимость пересылки, нет трекинга.

✅ Хорошая логистика: доставка в несколько стран, низкие тарифы, отслеживание посылки, страховка.

📌 Что ты узнаешь в этом разделе?

✅ Какие способы доставки на eBay существуют?

✅ Как выбрать лучший вариант доставки для твоего бизнеса?

✅ Какие логистические сервисы самые надежные?

✅ Как снизить расходы на доставку?

✅ Какие ошибки допускают новички?

💡 Если правильно организовать доставку, можно сократить затраты, увеличить продажи и избежать проблем с покупателями!

## Какие способы доставки есть на eBay?

📌 На eBay есть три основных варианта доставки:

**1. Самостоятельная отправка (Self-Shipping / Merchant Fulfilled)**

Продавец сам выбирает курьерскую службу и отправляет товары покупателям.

➔ Подходит для небольших продавцов и уникальных товаров.
➔ Можно использовать любой почтовый сервис (DHL, UPS, USPS, Deutsche Post).
➔ Доставка может быть локальной или международной.

❌ Минусы:

- Требует самостоятельного оформления отправлений.
- Нельзя предложить eBay Fast Shipping (быструю доставку).
- Нужно самому решать проблемы с потерянными посылками.

## 2. Доставка через eBay Global Shipping Program (GSP)

eBay сам берёт на себя доставку товаров за границу.

➔ Продавец отправляет посылку только на склад eBay → eBay сам занимается международной доставкой.

➔ Покупатели видят полную стоимость доставки и таможенных сборов заранее.

➔ Защита eBay: если посылка потерялась на этапе международной доставки, eBay возвращает деньги продавцу.

✕ Минусы:

- GSP не работает со всеми странами (например, в Россию не доставляет).
- Покупателям приходится платить дополнительные сборы за обработку eBay.
- Может быть дороже, чем самостоятельная отправка.

💡 Пример:

Если ты продаёшь электронику и отправляешь в США, eBay сам позаботится о доставке и защитит тебя от потерь.

📌 **Вывод**: GSP – это удобно и безопасно, но иногда дороже, чем работать напрямую с почтовыми службами.

## 3. Fulfillment через сторонние сервисы (FBA, WFS, 3PL)

Можно хранить товар на складе логистической компании (Amazon, Deliverr, ShipBob), а они будут отправлять заказы вместо тебя.

➔ Быстрая доставка (1-2 дня в США).
➔ Можно автоматизировать процесс.
➔ Работает для масштабирования бизнеса.

✕ Минусы:

- Требует оптовой закупки товара и отправки на склад.
- Нужно платить за хранение товара.
- Подходит не для всех товаров.

💡 Пример:

Если ты продаёшь аксессуары для смартфонов, можно использовать Amazon FBA – товар будет доставляться покупателям через Amazon Prime.

📌 **Вывод**: Fulfillment – идеален для массовых продаж, но требует начальных вложений.

## Как выбрать лучший способ доставки?

Выбор метода доставки зависит от типа бизнеса, товара и регионов, в которые ты отправляешь заказы. Рассмотрим три основных варианта и их плюсы и минусы.

1. **Самостоятельная отправка (Self-Shipping / Merchant Fulfilled)**

Как это работает:

❖ Продавец сам упаковывает товар, выбирает почтовую или курьерскую службу (например, DHL, UPS, USPS, Deutsche Post, Hermes) и отправляет товар покупателю напрямую.

☑ Плюсы:

✔ Полный контроль над процессом доставки.

✔ Можно выбрать самый выгодный почтовый сервис.

✔ Хороший вариант для уникальных товаров (винтаж, антиквариат, коллекционные предметы).

✔ Можно гибко настраивать стоимость доставки.

✖ Минусы:

🚫 Нужно самостоятельно оформлять каждую посылку.

🚫 Если посылка потеряется, продавец несет ответственность.

🚫 Не всегда можно предложить быструю доставку.

🚫 Требует времени на упаковку и отправку заказов.

💡 Когда использовать?

- ➔ Если ты продаёшь уникальные товары (винтаж, коллекционные вещи, редкую электронику).
- ➔ Если у тебя малый объём продаж и ты можешь сам контролировать доставку.
- ➔ Если хочешь гибкость в выборе почтовых тарифов.

**2. Доставка через eBay Global Shipping Program (GSP)**

Как это работает:

- ❖ Продавец отправляет товар на склад eBay в своей стране, а дальше eBay сам занимается международной доставкой и таможенным оформлением.

☑ Плюсы:

✔ eBay берёт на себя все заботы о международной доставке.

✔ Покупатели сразу видят стоимость доставки и таможенные сборы.

✔ Защита eBay: если посылка потеряется на этапе международной доставки, продавец не несёт убытки.

✔ Можно продавать товары по всему миру без сложностей с таможней.

✕ Минусы:

🚫 Программа не работает со всеми странами (например, нельзя отправлять в Россию).

🚫 Стоимость доставки через GSP выше, чем при самостоятельной отправке.

🚫 Покупателям приходится платить дополнительные сборы за обработку eBay.

💡 Когда использовать?

- ➔ Если ты хочешь продавать за границу, но не хочешь разбираться с таможенными документами.
- ➔ Если у тебя массовые продажи, и ты хочешь снизить риски потерь посылок.
- ➔ Если твой товар не требует быстрой доставки, и покупатели готовы платить больше за удобство.

### 3. Fulfillment через сторонние сервисы (Amazon FBA, Deliverr, ShipBob, WFS)

Как это работает:

- ❖ Продавец отправляет партию товаров на склад логистической компании (например, Amazon, Deliverr, ShipBob), а дальше сервис сам занимается хранением, упаковкой и отправкой заказов покупателям.

☑ <u>Плюсы</u>:

✔ Автоматизированная система – не нужно вручную отправлять каждый заказ.

✔ Быстрая доставка (1-2 дня по США, Европе).

✔ Возможность предложить покупателям премиум-доставку (например, Amazon Prime).

✔ Хороший вариант для массовых продаж популярных товаров.

✖ <u>Минусы</u>:

🚫 Требует оптовой закупки товаров и отправки их на склад.

🚫 Нужно платить за хранение товаров (даже если они не продаются сразу).

🚫 Не подходит для продажи уникальных товаров и винтажа.

💡 Когда использовать?

- ➔ Если ты продаёшь массовые товары (аксессуары, гаджеты, одежду, бытовую технику).
- ➔ Если хочешь автоматизировать процесс доставки и ускорить отгрузку заказов.
- ➔ Если хочешь предложить покупателям быструю доставку и участвовать в программах Amazon Prime, Walmart+ и других.

💡 Какой вариант лучше выбрать? Универсальные рекомендации:

☑ **Если ты продаёшь редкие и коллекционные товары (винтаж, электроника, антиквариат) → Самостоятельная отправка**.

✅ Если хочешь продавать товары за границу без сложностей с таможней → **eBay Global Shipping Program (GSP)**.

✅ Если у тебя массовые продажи, и ты хочешь автоматизировать процесс → **Fulfillment (Amazon FBA, Deliverr, WFS и другие сервисы)**.

📌 **Вывод**: Начинай с самостоятельной отправки и переходи на другие модели, когда бизнес вырастет.

## Логистические компании для отправки по миру

📌 Лучшие сервисы для международной доставки:

✅ DHL Express – быстрая доставка по всему миру (3-5 дней), но дорогая.

✅ UPS / FedEx – премиальная доставка, удобное отслеживание.

✅ USPS (для США) – дёшево и удобно для американских покупателей.

✅ Deutsche Post (для Европы) – самый популярный сервис в ЕС.

✅ Packlink eBay – партнёр eBay, даёт скидки на доставку.

💡 Лайфхак:

Если отправляешь много товаров, регистрируй бизнес-аккаунты в DHL, UPS, FedEx – получишь скидки до 30-50%.

## Как снизить расходы на доставку?

📌 <u>ТОП-5 способов уменьшить стоимость пересылки</u>:

1. Используй компактные упаковки – вес и размеры влияют на цену доставки.
2. Выбирай тарифы с отслеживанием (но без избыточных услуг).
3. Работай с логистическими посредниками (Packlink, ShipStation, Deliverr).
4. Покупай упаковку и материалы оптом (скотч, коробки, пупырчатую плёнку).
5. Применяй комбинированные отправки – отправляй несколько товаров в одной посылке.

💡 <u>Пример</u>:

Если отправлять товары в компактных упаковках USPS First Class, можно сэкономить $3-5 на каждой посылке.

## Ошибки, которых стоит избегать при доставке товаров

**Ошибка №1**: Использование медленных почтовых сервисов

❌ Если покупатель ждёт товар месяц, он оставит негативный отзыв.

✅ Решение: Использовать быстрые службы (DHL, UPS, USPS Priority).

**Ошибка №2**: Неправильный расчёт стоимости доставки

❌ Завышенная стоимость доставки отпугивает покупателей.

✅ Решение: Сравнивай тарифы разных почтовых служб перед отправкой.

**Ошибка №3**: Отсутствие трекинга

❌ Покупатели беспокоятся, когда не могут отследить заказ.

✅ Решение: Всегда используй отправления с трекинг-номером.

## 📌 Итог: как организовать идеальную доставку на eBay?

✅ Выбирай правильный способ доставки (Self-Shipping, GSP, Fulfillment).

✅ Используй надёжные логистические компании.

✅ Старайся сократить стоимость доставки.

✅ Предлагай отслеживание и страховку для защиты от споров.

Теперь переходим к следующему разделу – маркетинг и продвижение на eBay! 🚀

# eBay Promotions: как продвигать товары и увеличить продажи?

📌 Введение: зачем нужно продвижение на eBay?

**Факт**: eBay – это огромный маркетплейс, где ежедневно продаются миллионы товаров. Если ты просто выставишь товар без продвижения, он может затеряться среди конкурентов.

Почему нужно продвигать товары на eBay?

- Больше просмотров – товар чаще появляется в поиске и рекомендациях.
- Выше вероятность продажи – покупатели видят твои объявления в числе первых.
- Можно выделиться среди конкурентов – особенно если в твоей нише много продавцов.
- Увеличение конверсии – чем больше людей видят товар, тем выше шанс его продать.

💡 Пример:

Ты продаёшь наушники Sony WH-1000XM5. В выдаче 1000 таких же товаров. Без продвижения твой листинг окажется на 15-й странице. Если использовать eBay Promotions, товар поднимется в топ и появится в рекомендациях.

📌 Что ты узнаешь в этом разделе?

✅ Какие инструменты продвижения предлагает eBay?

✅ Как выбрать лучший способ рекламы?

- ✅ Как настроить скидки, распродажи и акции?
- ✅ Какие ошибки совершают новички при продвижении?

💡 Если ты хочешь увеличить продажи на eBay, этот раздел поможет тебе разобраться с рекламными инструментами!

## Какие инструменты продвижения есть на eBay?

📌 eBay предлагает несколько видов продвижения:

- **eBay Promoted Listings (Спонсируемые товары)**

  Реклама, которая поднимает твой товар в поиске eBay.

  - ➔ Твой товар появляется в топе выдачи.
  - ➔ Платишь только за продажи, а не за клики (Pay per Sale).
  - ➔ Работает для магазинов с подпиской eBay Store.

💡 Пример:

Если конкуренты продают iPhone 14 Pro Max, твой товар будет показываться выше, чем у других (если использовать Promoted Listings).

- **eBay Markdown Manager (Скидки и распродажи)**

Позволяет создавать скидки на товары, чтобы привлечь больше покупателей.

  - ➔ Можно предложить скидку (10-50%) на определенные товары.

- ➔ Работает в категориях электроника, одежда, бытовая техника и др.
- ➔ Покупатели видят зачеркнутую старую цену и новую скидочную.

💡 Пример:

Если ты продаёшь кроссовки Nike за $120, ты можешь предложить скидку -15% и сделать цену $102. Покупатели увидят акцию и будут охотнее покупать.

- **eBay Order Discounts (Скидки за количество)**

Система скидок, которая поощряет покупателей покупать больше товаров сразу.

- ➔ Можно предложить скидку при покупке 2-х и более товаров.
- ➔ Работает хорошо для аксессуаров, одежды, гаджетов, запчастей.
- ➔ Увеличивает средний чек и прибыль.

💡 Пример:

Ты продаёшь кабели для iPhone по $10. Если предложить акцию “Купи 2 – получи скидку 10%”, покупатели чаще будут заказывать 2-3 штуки сразу.

- **eBay Volume Pricing (Оптовые скидки)**

Подходит для товаров, которые покупают в больших количествах.

- ➔ Чем больше покупатель заказывает, тем ниже цена за единицу.
- ➔ Работает для запчастей, автоаксессуаров, одежды, электроники.
- ➔ Подходит для B2B-продаж (бизнес-покупатели).

💡 Пример:

Если ты продаёшь автомобильные лампочки, можно настроить оптовые скидки:

• 1 шт. – $10

• 5 шт. – $45 ($9 за штуку)

• 10 шт. – $80 ($8 за штуку)

- **eBay Coupons (Купоны на скидку)**

  Можно создавать купоны и отправлять их покупателям.

  - ➔ Работает для подписчиков магазина и постоянных клиентов.
  - ➔ Покупатель может использовать купон на будущие покупки.
  - ➔ Можно настроить автоматическую отправку купонов.

💡 Пример:

Ты можешь настроить купон “10% скидка на следующий заказ” для тех, кто уже что-то купил у тебя. Это повысит повторные продажи.

## Как выбрать лучший способ продвижения?

📌 Выбор метода продвижения зависит от конкуренции, типа товара и твоих целей. Ниже рассмотрим, когда использовать каждый из инструментов и какие у них плюсы и минусы.

**1. Promoted Listings (Спонсируемые товары)**

Когда использовать:

• Если в твоей нише высокая конкуренция, и товар сложно продать без рекламы.

• Если ты готов платить за продвижение, но хочешь платить только за фактические продажи.

✅ Плюсы:

✔ Товар поднимается в топ поисковой выдачи eBay.

✔ Платишь только за успешные продажи (нет затрат за клики, как в Google Ads).

✔ Повышает видимость листинга среди конкурентов.

❌ Минусы:

🚫 Нужно отдавать eBay % от продажи (чем выше ставка, тем выше товар в поиске).

🚫 Доступно только продавцам с подпиской eBay Store.

💡 **Вывод**: Отличный способ для продажи популярных товаров с высокой конкуренцией.

**2. Markdown Manager (Скидки и распродажи)**

Когда использовать:

• Если нужно быстро продать товар (например, распродажа старых запасов).

• Если хочешь создать ощущение дефицита и подстегнуть покупателей к покупке.

✅ Плюсы:

✔ Покупатели видят зачёркнутую старую цену и новую скидочную, что мотивирует их купить товар.

✔ Работает в любой нише – от электроники до одежды.

✔ Позволяет увеличить CTR и конверсию (больше людей кликают на объявление).

✖ Минусы:

🚫 Снижает прибыль на единицу товара (из-за скидок).

🚫 Не всегда подходит для новых товаров – иногда покупатели считают, что скидку делают только на залежавшиеся товары.

💡 **Вывод**: Хорошо работает во время сезонных распродаж и для привлечения покупателей.

**3. Order Discounts (Скидки за количество)**

<u>Когда использовать</u>:

• Если ты продаешь товары, которые часто покупают в нескольких экземплярах (аксессуары, расходники, мелкая электроника).

• Если хочешь увеличить средний чек.

✅ Плюсы:

✔ Покупатели стремятся купить сразу несколько товаров, чтобы сэкономить.

✔ Можно продавать больше, не увеличивая рекламу.

✔ Хорошо работает для товаров, которые часто покупают повторно (батарейки, кабели, чехлы для телефонов и т. д.).

✖ Минусы:

🚫 Подходит не для всех категорий товаров – например, сложно продавать смартфоны по такой схеме.

🚫 Если не настроить правильно, можно снизить маржинальность (слишком большие скидки приведут к потере прибыли).

💡 **Вывод**: Отличный инструмент для увеличения среднего чека и продаж аксессуаров, расходных материалов и недорогих товаров.

**4. Volume Pricing (Оптовые скидки)**

Когда использовать:

• Если твои товары подходят для оптовых закупок (например, автозапчасти, канцелярия, инструменты, строительные материалы).

• Если ты ориентируешься на бизнес-клиентов (B2B-продажи).

✅ Плюсы:

✔ Можно привлечь оптовых покупателей.

✔ Позволяет быстро продавать большие партии товара.

✔ Хороший вариант для категорий с большим оборотом.

❌ Минусы:

🚫 Подходит не для всех товаров – сложно продавать по такой схеме технику или одежду.

🚫 Может требовать дополнительных вложений в складские запасы.

💡 **Вывод**: Идеально подходит для B2B-продавцов и товаров, которые покупают в больших количествах.

**5. eBay Coupons (Купоны на скидку)**

Когда использовать:

• Если хочешь поддерживать лояльность клиентов и мотивировать их покупать повторно.

• Если хочешь стимулировать людей к покупке, давая им персонализированные скидки.

✅ Плюсы:

✔ Можно настроить скидку только для постоянных клиентов.

✔ Работает для всех категорий товаров.

✔ Отличный инструмент для увеличения повторных покупок.

✖ Минусы:

🚫 Работает только при наличии подписки eBay Store.

🚫 Требует грамотной настройки – слишком большие скидки могут привести к убыткам.

💡 **Вывод**: Отличный способ повысить лояльность покупателей и стимулировать их к повторным заказам.

## 📌 Какой вариант лучше выбрать? Общие рекомендации:

✅ Если высокая конкуренция, используй **Promoted Listings**.

✅ Если нужно быстро продать товар, используй **Markdown Discounts**.

✅ Если хочешь увеличить средний чек, предложи **Order Discounts**.

✅ Если работаешь с B2B или оптовыми продажами – настрой **Volume Pricing**.

✅ Если хочешь стимулировать повторные покупки, используй **Coupons**.

💡 **Вывод**: Лучше комбинировать несколько инструментов для максимального эффекта. Например, использовать Promoted Listings для трафика, а Markdown Discounts для увеличения продаж.

# Как настроить eBay Promotions?

📌 Процесс настройки занимает 2-3 минуты.

**Шаг 1**: Открываем рекламный кабинет eBay

➔ `Заходим в Seller Hub → Marketing → Promotions.`
➔ Выбираем тип продвижения (Promoted Listings, Discounts, Coupons и т. д.).

**Шаг 2**: Настраиваем параметры

➔ Для **Promoted Listings**:
1. Выбираем товары, которые хотим продвигать.
2. Устанавливаем процент комиссии (от 2% до 15%) – чем выше процент, тем выше в поиске твой товар.

➔ Для **Markdown Discounts:**
1. Выбираем размер скидки (например, -20%).
2. Настраиваем сроки акции.

➔ Для **Coupons**:
1. Создаём купон (например, SAVE10).
2. Определяем, кто может его использовать (все покупатели или только постоянные клиенты).

**Шаг 3**: Запускаем кампанию

📌 После настройки нажимаем "**Start Promotion**" – и реклама начинает работать.

💡 **Совет**:

★ Тестируй разные типы рекламы – не всегда одно и то же продвижение будет эффективным.
★ Следи за аналитикой – eBay покажет, какие товары получают больше кликов и продаж.

★ Изменяй ставки в Promoted Listings – если товар не продается, попробуй повысить процент комиссии.

## Итог: как эффективно продвигать товары на eBay?

✅ Используй Promoted Listings, если хочешь поднять товар в поиске.

✅ Настраивай Markdown Discounts для распродаж.

✅ Применяй Order Discounts и Volume Pricing, если хочешь увеличить средний чек.

✅ Отправляй Coupons, чтобы увеличить повторные продажи.

✅ Экспериментируй с разными инструментами и анализируй результаты.

📌 Теперь переходим к следующему подпункту – как набирать положительные отзывы и рейтинг продавца! 🚀

# Как набирать положительные отзывы и рейтинг продавца на eBay?

📌 <u>Введение</u>: почему отзывы важны?

🔥 **Факт**: 93% покупателей eBay читают отзывы перед покупкой. Если у продавца низкий рейтинг или мало отзывов, люди просто не рискнут делать заказ.

<u>Почему важно работать с отзывами?</u>

- ★ Отзывы повышают доверие – чем больше положительных отзывов, тем выше конверсия.
- ★ Рейтинг продавца влияет на ранжирование товаров – eBay продвигает в поиске продавцов с хорошей репутацией.
- ★ Высокий рейтинг даёт доступ к программе eBay Top Rated Seller – дополнительные привилегии и скидки на комиссии.
- ★ Чем выше рейтинг, тем меньше споров и возвратов – покупатели реже предъявляют претензии.

💡 Пример:

❌ Продавец с 5 отзывами (80% положительных) → мало кто рискнет купить у него.

✅ **Продавец с 500 отзывами (98% положительных) → покупатели доверяют и охотно заказывают.**

📌 Что ты узнаешь в этом разделе?

✅ Как работает система отзывов на eBay.

✅ Как получать больше положительных отзывов.

✅ Какие ошибки приводят к негативным отзывам.

✅ Как работать с недовольными клиентами и убирать плохие отзывы.

Если ты хочешь повысить доверие покупателей и увеличить продажи, этот раздел – твой ключ к успеху!

## Как работает система отзывов на eBay?

📌 После завершения сделки и доставки товара покупатель может оставить отзыв о продавце.

На eBay есть три вида отзывов:

✅ **Положительный** (Positive, +1 к рейтингу) – если клиент доволен заказом.

**- Нейтральный** (Neutral, 0 к рейтингу) – если покупка прошла нормально, но есть нюансы.

❌ **Негативный** (Negative, -1 к рейтингу) – если покупатель разочарован товаром или сервисом.

Как рассчитывается рейтинг?

★ Рейтинг продавца – это % положительных отзывов за последние 12 месяцев.

**Формула:**

(Количество положительных отзывов) ÷ (Общее количество отзывов) × 100%

Пример:

- ➢ 950 положительных, 50 негативных отзывов → рейтинг 95%.
- ➢ 980 положительных, 20 негативных отзывов → рейтинг 98% (намного лучше).

📌 Цель: поддерживать рейтинг не ниже 98-99%!

💡 Если рейтинг падает ниже 90%, eBay может ограничить продажи!

## Как получать больше положительных отзывов? ТОП-5 способов повысить рейтинг продавца🔥

**1. Отличное описание товара**

- Чётко указывай все характеристики, размеры, комплектацию.
- Если товар б/у, честно укажи все дефекты.
- Избегай размытых формулировок (“почти новый”, “как новый”) – это вызывает споры.

💡 Пример:

❌ Плохо: “iPhone 12 – отличный телефон, как новый.”

✅ Хорошо: “iPhone 12, 128GB, Space Gray – 90% батареи, небольшие царапины на экране, полный комплект.”

**Вывод**: Если покупатель получает именно то, что ожидал, он оставит положительный отзыв.

**2. Быстрая и надёжная доставка**

- Используй курьерские службы с трекингом (DHL, UPS, USPS, Deutsche Post, Hermes).
- Не затягивай с отправкой – отправляй заказы в течение 24-48 часов.
- Указывай реальные сроки доставки – не обещай 5 дней, если доставка займет 10.

💡 Пример:

❌ Плохо: Доставка обещана за 5 дней, но товар пришел через 15.

✅ Хорошо: Продавец указал 10-12 дней – товар пришёл через 10 дней, покупатель доволен.

**Вывод**: Доставка – главный триггер негативных отзывов, работай с ней внимательно.

**3. Хорошая упаковка**

- Всегда упаковывай товар надёжно, особенно если он хрупкий.
- Используй пупырчатую пленку, пенопласт, плотные коробки.
- Проверяй упаковку перед отправкой, чтобы избежать повреждений.

💡 Пример:

❌ Плохо: Продавец отправил керамическую кружку в обычном пакете → товар разбился → негативный отзыв.

✅ Хорошо: Кружка в коробке, обмотана пупыркой → покупатель доволен.

**Вывод**: Чем лучше упаковка, тем меньше вероятность жалоб и возвратов.

**4. Отвечай на сообщения покупателей**

- Если клиент задал вопрос, отвечай в течение 24 часов.
- Будь вежливым, даже если покупатель грубит.
- Решай проблемы до того, как клиент оставит негативный отзыв.

💡 Пример:

> ✕ Плохо: Покупатель спросил о товаре, продавец не ответил → покупатель ушел к конкуренту.
>
> ✅ Хорошо: Продавец ответил быстро, помог с выбором → клиент купил и оставил хороший отзыв.

**Вывод**: Внимательное отношение к клиентам повышает лояльность и рейтинг.

**5. Проси покупателей оставить отзыв**

- Покупатели не всегда оставляют отзывы, даже если довольны.
- Можно вежливо напомнить о возможности оставить отзыв.

💡 Как это делать?

- Через eBay Messages: “Спасибо за покупку! Буду рад вашему отзыву 😊”.
- В описании товара: “Оставьте отзыв – это помогает мне улучшать сервис!”.
- В упаковке заказа: “Если вам всё понравилось, пожалуйста, оставьте отзыв!”.

**Вывод**: Чем больше напоминаний, тем больше отзывов.

## Как работать с негативными отзывами?

📌 Если получил негативный отзыв, не паникуй – его можно удалить или исправить.

**1. Свяжись с покупателем**

- Извинись за проблему и предложи решение (возврат, скидку, замену товара).
- Если клиент доволен решением, он может изменить отзыв на положительный.

💡 Пример:

❌ Плохо: Покупатель жалуется на дефект → продавец игнорирует → остаётся негативный отзыв.

✅ Хорошо: Продавец предлагает замену → клиент доволен → изменяет отзыв на 5★.

**2. Подай запрос на удаление отзыва в eBay**

eBay может удалить отзыв, если он нарушает правила (оскорбления, угрозы, ложная информация).

💡 Пример:

- Если отзыв содержит мат, угрозы или ложные обвинения, eBay его удалит.

Как подать запрос?

- ➔ `Перейди в Seller Hub → Feedback.`
- ➔ Выбери неправильный отзыв и нажми Request Feedback Removal.

**Вывод**: Если отзыв несправедливый, eBay может его удалить!

## 📌 Итог: как набрать высокий рейтинг продавца?

✅ Продавай честно – без скрытых дефектов и обмана.

✅ Доставляй быстро и с трекинг-номером.

✅ Упаковывай товар качественно.

✅ Общайся с клиентами вежливо и быстро.

✅ Проси покупателей оставлять отзывы.

✅ Работай с негативными отзывами и убирай их, если они несправедливы.

Теперь переходим к следующему подпункту – работа с eBay Ads (рекламой)! 🚀

# Работа с eBay Ads: как настроить рекламу и увеличить продажи

📌 Введение: зачем использовать рекламу на eBay?

🔥 **Факт**: eBay – это огромная площадка, где ежедневно публикуются миллионы товаров. Если твой товар не в топе поиска, его просто не увидят покупатели.

Почему стоит использовать eBay Ads?

- ★ Твои товары появляются в топе поиска – больше видимости = больше продаж.
- ★ Реклама работает по модели Pay-Per-Sale – платишь только за успешные заказы (в некоторых кампаниях).
- ★ Можно настраивать таргетинг – показывать рекламу нужной аудитории.
- ★ Повышает конверсию – товары в рекламе продаются на 40-50% быстрее.

💡 Пример:

- ➢ Если ты продаёшь чехлы для iPhone 15 Pro, без рекламы твой листинг будет на 5-6 странице.
- ➢ С eBay Ads твой товар может оказаться в топе, среди первых 3-5 позиций.

Что ты узнаешь в этом разделе?

✅ Какие виды рекламы есть на eBay?

✅ Как выбрать оптимальный рекламный формат?

✅ Как настроить рекламу и не потерять деньги?

✅ Какие ошибки допускают новички?

💡 Если ты хочешь быстро продвигать товары и увеличивать продажи, этот раздел – твой ключ к успеху!

## Какие виды рекламы есть на eBay?

📌 На eBay есть три основных рекламных формата:

**1. eBay Promoted Listings (Продвигаемые объявления)**

Это реклама, которая поднимает твои товары в поиске eBay.

- Работает по модели Pay-Per-Sale – ты платишь только если товар продался.
- Подходит для всех продавцов с подпиской eBay Store.
- Повышает видимость товара в поиске до 40%.

💡 Пример:

Если ты продаёшь Samsung Galaxy S24 Ultra, а конкурентов очень много, Promoted Listings поможет вывести твой товар на первые позиции в поиске.

❌ Минусы:

🚫 Нужно платить eBay процент с продажи (обычно 2-15% от стоимости товара).

**Вывод**: Идеально для товаров с высокой конкуренцией.

**2. Promoted Listings Advanced (PPC-реклама)**

Это аналог Google Ads – ты платишь за клики, а не за продажи.

- Можно настраивать ключевые слова и таргетинг.
- Позволяет привлекать покупателей в нужной категории.
- Полный контроль над бюджетом – сам решаешь, сколько платить за клик.

💡 Пример:

Если ты продаёшь Nike Air Force 1, можно настроить рекламу по ключевым словам "Nike кроссовки", "белые Air Force 1" и показывать ее только нужной аудитории.

❌ Минусы:

🚫 Ты платишь даже за клики, которые не привели к продажам.

🚫 Требует грамотной настройки, иначе можно слить бюджет впустую.

**Вывод**: Отлично подходит для нишевых товаров и брендов.

**3. eBay External Ads (Реклама за пределами eBay)**

Эта реклама показывает твои товары в Google, Bing, Facebook, Instagram и других источниках.

- Позволяет привлекать трафик извне eBay.
- Работает по фиксированному бюджету – ты устанавливаешь, сколько готов тратить.
- Доступно только для продавцов с eBay Store.

💡 Пример:

Если ты продаёшь электросамокаты, eBay может рекламировать твой товар в Google Ads или Facebook → это привлечет новых покупателей.

❌ Минусы:

🚫 Нельзя контролировать, где именно будет показана реклама.

🚫 Не всегда дает быстрые результаты.

**Вывод**: Полезно для масштабирования бизнеса и привлечения клиентов за пределами eBay.

## Как выбрать лучший формат рекламы?

📌 Выбор зависит от конкуренции, типа товара и бюджета.

💡 Универсальные рекомендации:

- Если высокая конкуренция → **Promoted Listings (Pay-Per-Sale)**.
- Если продаёшь брендовые товары → **Promoted Listings Advanced (PPC)**.
- Если хочешь привлекать клиентов извне eBay → **eBay External Ads**.

**Вывод**: Для большинства продавцов лучший вариант – Promoted Listings.

## Как настроить eBay Ads?

📌 Процесс настройки занимает 3-5 минут.

**Шаг 1**: Открываем рекламный кабинет eBay

1. Заходим в Seller Hub → Marketing → Advertising Dashboard.
2. Выбираем тип рекламы (Promoted Listings, Advanced, External Ads).

**Шаг 2**: Настраиваем параметры

➢ Для **Promoted Listings (Pay-Per-Sale)**:

1. Выбираем товары, которые хотим продвигать.
2. Указываем процент комиссии eBay (обычно 2-15%).

Для **Promoted Listings Advanced (PPC)**:

1. Добавляем ключевые слова (например, "Apple Watch 9", "часы на eBay").
2. Настраиваем ставку за клик (например, $0.30 – $0.50 за клик).

➢ Для **External Ads**:

1. Выбираем ежемесячный бюджет (например, $50 – $500 в месяц).

**Шаг 3**: Запускаем кампанию

После настройки нажимаем "Start Campaign" – реклама запускается.

💡 **Совет**:

- Тестируй разные форматы рекламы – иногда PPC даёт лучший эффект, чем Pay-Per-Sale.
- Следи за аналитикой – eBay показывает, какие товары получают больше кликов и продаж.
- Изменяй ставки в рекламе – если товар не продаётся, попробуй повысить ставку.

## Ошибки, которые допускают новички в eBay Ads

### 📌ТОП-5 ошибок, которые сливают рекламный бюджет

**Ошибка №1**: Выбор слишком высокой ставки в PPC-рекламе

🚫 Если поставить слишком высокую цену за клик, бюджет быстро закончится.

✅ Решение: Начинай с $0.20-$0.50 за клик и тестируй результат.

**Ошибка №2**: Продвижение товаров с низкой маржой

🚫 Если товар стоит $10, а eBay берет 10% за рекламу, прибыль почти исчезает.

✅ Решение: Используй рекламу только для товаров с хорошей наценкой.

**Ошибка №3**: Отсутствие тестирования разных форматов рекламы

🚫 Новички запускают только один тип рекламы и не пробуют другие.

✅ Решение: Тестируй разные стратегии (Pay-Per-Sale, PPC, External Ads).

**Ошибка №4**: Игнорирование аналитики eBay

🚫 Многие не смотрят отчёты и не анализируют эффективность рекламы.

✅ Решение: Регулярно проверяй eBay Advertising Dashboard.

## 📌 Итог: как эффективно использовать eBay Ads?

- Используй Promoted Listings, если хочешь быстрый рост продаж.
- Запускай PPC-рекламу, если продаёшь нишевые товары.
- Пробуй External Ads для привлечения клиентов из Google и соцсетей.
- Следи за бюджетом и не переплачивай за рекламу.

- Анализируй результаты и регулярно оптимизируй ставки.

Теперь переходим к следующему разделу – финансы, комиссии и налоги на eBay! 🚀

# Сколько берет eBay за продажу? Полный разбор комиссий

📌 Введение: какие комиссии нужно учитывать на eBay?

🔥 Факт: eBay берет комиссию за каждую продажу, и если не учитывать ее заранее, можно потерять большую часть прибыли.

Какие комиссии есть на eBay?

- ➢ Комиссия за продажу (Final Value Fee) – основной сбор eBay.
- ➢ Комиссия за обработку платежей (eBay Payment Processing Fee) – зависит от страны покупателя.
- ➢ Комиссия за размещение объявлений (Insertion Fee) – при превышении лимитов бесплатных объявлений.
- ➢ Дополнительные комиссии – за рекламу, промоакции, подписку на магазин и другие услуги.

💡 Пример:

- ★ Если ты продаешь товар за $100, eBay может забрать $10-15 комиссий, а реальная прибыль будет $85-90.

Что ты узнаешь в этом разделе?

- ✅ Сколько составляет комиссия eBay за продажу?
- ✅ Как работают дополнительные комиссии?
- ✅ Какие хитрые комиссии скрыты в системе eBay?
- ✅ Как минимизировать потери и увеличить прибыль?

💡 Если ты хочешь понимать, сколько зарабатываешь на eBay, этот раздел тебе необходим!

## Основная комиссия eBay: Final Value Fee (FVV)

**Final Value Fee (FVV)** – это процент, который eBay берет с каждой продажи.

- ❖ Размер комиссии зависит от категории товара и стоимости заказа.
- ❖ Обычно составляет 12-15% от суммы продажи (включая доставку).
- ❖ eBay автоматически вычитает комиссию до отправки денег продавцу.

💡 Пример:

- Ты продаёшь кроссовки Nike за $100 (с доставкой $10).
  - eBay берёт 12,9% от $110 → комиссия $14,19.
  - Итоговая выплата продавцу: $95,81

Средние комиссии по категориям:

✔ Одежда, обувь, аксессуары → 12,9%

✔ Электроника (смартфоны, ноутбуки, камеры) → 8–12%

✔ Автозапчасти и инструменты → 8–12%

✔ Ювелирные изделия и часы → 12,9–15%

✔ Коллекционные вещи (винтаж, антиквариат) → 12,9–15%

📌 **Вывод**: Чем дороже товар, тем ниже процент комиссии.

## Комиссия за обработку платежей (eBay Payment Processing Fee)

Дополнительно eBay берет процент за обработку платежа.

- В среднем 3-5% от суммы заказа.
- Включает конвертацию валюты (если покупатель платит в другой валюте).
- eBay заменил PayPal, и теперь все платежи проходят через eBay Managed Payments.

💡 Пример:

- Ты продаешь товар за $200, покупатель из США.
  - eBay берёт 2,9% от $200 + $0,30 фиксированная комиссия → комиссия $5,80.
  - Итоговая выплата: $194,20 (до вычета FVV).

📌 **Вывод**: Платёжная комиссия – это дополнительный скрытый процент, о котором многие забывают.

## Комиссия за размещение объявлений (Insertion Fee)

📌 На eBay есть лимит бесплатных объявлений в месяц.

- ➔ Каждый продавец может бесплатно разместить 250 объявлений в месяц.
- ➔ Если превышен лимит, eBay берет $0.35 за каждое новое объявление.
- ➔ Если у тебя подписка eBay Store, лимиты увеличиваются (1000+ бесплатных объявлений).

💡 Пример:

Если ты продаёшь 300 товаров в месяц, eBay возьмёт:

- ➢ 0.35 × 50 объявлений = $17.50 дополнительно.

📌 **Вывод**: Лучше оптимизировать количество объявлений или оформить подписку на магазин eBay Store.

## Дополнительные комиссии на eBay

📌eBay может брать дополнительные комиссии за рекламу, промоакции и подписку на магазин.

**1. Комиссия за рекламу (Promoted Listings Fee)**

- ❖ Если ты используешь eBay Ads (Promoted Listings), eBay берет 2-15% от продажи.
- ❖ Если реклама не сработала и товар не продался, комиссия не взимается.

💡 Пример:

Ты продаешь товар за $100, настроил рекламу с 10% комиссией.

- ➔ Товар продался, eBay забирает $10 за рекламу.

➔ Итоговая прибыль продавца уменьшается.

**Вывод**: Реклама эффективна, но снижает чистую прибыль.

**2. Комиссия за международную продажу (International Fee)**

- Если покупатель из другой страны, eBay берет 1,65% за международный платёж.
- Комиссия списывается автоматически.

Пример:

Ты продал товар за $200 покупателю из Франции.

➔ eBay берёт 1,65% от $200 = $3,30.
➔ Итоговая прибыль снижается.

**Вывод**: Продавать за границу выгодно, но комиссия немного выше.

**3. Подписка на магазин eBay Store (eBay Store Subscription)**

Если у тебя много товаров, лучше оформить подписку на eBay Store.

- Позволяет размещать больше бесплатных объявлений.
- Доступны скидки на комиссии и рекламу.
- Доступен профессиональный аналитический кабинет.

Стоимость подписки:

✔ Basic Store – $4.95/месяц (до 1000 объявлений).

✔ Premium Store – $29.95/месяц (до 10 000 объявлений).

✔ Anchor Store – $299.95/месяц (до 100 000 объявлений).

**Вывод**: Если у тебя больше 250 товаров в месяц, подписка экономит деньги на комиссиях.

**Итог**: сколько eBay берет с продаж?

Расчёт на примере товара за $100:

★ **Final Value Fee (FVV)** → 12,9% → $12,90.
★ **Payment Processing Fee** → 2,9% + $0,30 → $3,20.
★ **Promoted Listings** (если используешь рекламу) → 5–10% → $5–10.
★ **International Fee** (если покупатель из другой страны) → 1,65% → $1,65.

Итоговая прибыль:

➢ Если без рекламы: $83,90 из $100.
➢ Если с рекламой (10%): $78,90 из $100.

💡 **Вывод**: На eBay комиссии в среднем 15-20%, но можно оптимизировать расходы с подпиской и правильной рекламой.

## 📌 Как минимизировать комиссии eBay?

✅ Используй eBay Store Subscription, если у тебя много объявлений.

✅ Не продавай товары с низкой маржой – комиссии съедят всю прибыль.

✅ Настраивай рекламу с минимальной ставкой (начни с 2-5%).

✅ Следи за международными комиссиями, если продаешь за границу.

✅ Анализируй расходы через eBay Seller Hub.

# Как минимизировать комиссии на eBay и не терять прибыль? 🚀

📌 Введение: как сократить расходы на eBay?

🔥 Факт: Средний продавец на eBay теряет 15-20% от продаж из-за комиссий.

**Но есть способы снизить эти затраты и сохранить больше прибыли. Основные комиссии, которые снижают доход:**

➔ Комиссия за продажу (Final Value Fee) – **до 15%.**

➔ Комиссия за обработку платежей – **2,9-5%.**

➔ Комиссия за рекламу (Promoted Listings) – **5-15%.**

➔ Комиссия за международные платежи – **1,65%.**

💡 Пример:

Если ты продаешь товар за $100, после всех комиссий eBay тебе может остаться $75-80.

📌 Что ты узнаешь в этом разделе?

✅ Как снизить комиссию за продажу?

✅ Как оптимизировать рекламу и платить меньше?

✅ Как избежать скрытых сборов?

✅ Какие лайфхаки помогут экономить на eBay?

💡 Если ты хочешь зарабатывать больше на eBay, этот раздел поможет сохранить максимум прибыли!

## Снижаем комиссию за продажу (**Final Value Fee**)

📌 Есть несколько способов уменьшить процент комиссии eBay.

**1. Открыть подписку на eBay Store**

Если ты продаешь много товаров, подписка снижает комиссию.

- ★ Basic Store – снижает комиссию до 12,55%.
- ★ Premium Store – снижает комиссию до 11,7%.
- ★ Anchor Store – снижает комиссию до 10%.

💡 Пример:

- ➢ Если ты продаёшь 100 товаров по $50, без подписки eBay берет 12,9% = $645.
- ➢ С подпиской Premium Store (11,7%) комиссия будет $585 – экономия $60.

📌 **Вывод**: Если ты продаёшь больше 250 товаров в месяц, подписка на eBay Store поможет сэкономить на комиссиях.

**2. Выбирать правильную категорию товара**

На некоторые категории товаров комиссия ниже.

- ★ Электроника – 8-12% (вместо 12,9% для большинства товаров).
- ★ Автозапчасти и инструменты – 8-12%.

★ Некоторые коллекционные вещи – 6-9%.

Пример:

➢ Если ты продаёшь часы, eBay берет 12,9%.
➢ Но если указать категорию “Ювелирные изделия”, комиссия будет 10%.

**Вывод**: Проверь, можно ли перевести свой товар в категорию с более низкой комиссией.

**3. Продавать дороже $2 500 (если возможно)**

Для товаров дороже $2 500 комиссия eBay снижена.

★ eBay берет 6% за часть цены выше $2 500 (а не 12,9%).
★ Это работает для ювелирных изделий, часов, автомобилей, антиквариата.

Пример:

Ты продаёшь часы за $3 000.

➢ За первые $2 500 комиссия 12,9% = $322,50.
➢ За оставшиеся $500 комиссия 6% = $30.
➢ Итог: комиссия $352,50 вместо $387 (экономия $34,50).

**Вывод**: Если ты продаёшь дорогие товары, лучше устанавливать цену выше $2 500, чтобы комиссия была ниже.

## Оптимизируем рекламу eBay Ads (Promoted Listings)

**Реклама** – это важный инструмент, но она может съесть всю прибыль, если ее неправильно настроить.

**1. Уменьшить процент рекламы (Promoted Listings)**

- eBay позволяет выбирать ставку рекламы от 2% до 15%.
- Не ставь слишком высокий процент – 3-5% достаточно для большинства товаров.

💡 Пример:

Ты продаешь товар за $100.

- ➔ Если рекламная ставка 10%, комиссия eBay будет $10.
- ➔ Если поставить 5%, комиссия будет $5 → экономия $5 с каждой продажи.

📌 **Вывод**: Начни с 2-5%, а если товар не продаётся, постепенно увеличивай ставку.

**2. Использовать рекламу только для популярных товаров**

Реклама работает лучше, если товар уже хорошо продается.

- Не трать деньги на рекламу товаров, у которых мало просмотров и низкий спрос.
- Запускай рекламу на товары, которые уже получают органический трафик.
- Анализируй eBay Seller Hub, чтобы увидеть, какие товары продаются лучше всего.

📌 **Вывод**: Не продвигай всё подряд – используй рекламу только для товаров с высоким спросом.

**3. Использовать скидки вместо рекламы**

Иногда скидка привлекает покупателей лучше, чем платная реклама.

- ❖ Вместо того, чтобы платить eBay 10% за рекламу, можно просто снизить цену на 5%.
- ❖ eBay продвигает товары со скидками даже без рекламы.

💡 Пример:

- ➔ Ты продаешь **товар за $50 и используешь рекламу 10% → платишь eBay $5.**
- ➔ Если сделать скидку 5% ($47,50), товар всё равно будет в топе без доп. затрат.

📌 **Вывод**: Если реклама не дает результат, попробуй скидки и акции.

## Как избежать скрытых комиссий eBay?

Некоторые комиссии eBay можно просто не платить, если знать лайфхаки.

**1. Избегать комиссии за международные платежи (1,65%)**

- ➢ Если у покупателя международный адрес, eBay берёт дополнительные 1,65%.
- ➢ Решение: Продавать через eBay Global Shipping Program (GSP) – тогда комиссия не взимается.

📌 **Вывод**: Если у тебя много покупателей из-за границы, используй GSP, чтобы не платить лишнюю комиссию.

**2. Минимизировать комиссии за обработку платежей (2,9%)**

- ➢ eBay берет комиссию за весь заказ (включая доставку!).
- ➢ Решение: Увеличивать цену товара и делать “Бесплатную доставку”.

💡 Пример:

Ты продаешь товар за $50 + доставка $10.

- ➔ eBay берёт 2,9% от $60 = $1,74.
- ➔ Если сделать “Бесплатную доставку” и включить её в цену товара ($60), eBay возьмёт только 2,9% от $50 = $1,45.
- ➔ Экономия $0,29 с каждой продажи.

📌 **Вывод**: Добавляй доставку в цену товара, чтобы снизить комиссию за обработку платежей.

**Итог**: как минимизировать комиссии eBay?

✅ Оформи подписку eBay Store, чтобы снизить комиссию за продажу.

✅ Выбирай категории с более низкими комиссиями.

✅ Уменьшай рекламный процент (2-5% вместо 10-15%).

✅ Используй скидки вместо рекламы, если это дает больше продаж.

✅ Оптимизируй международные платежи и доставку.

Теперь переходим к следующему подпункту – налоги для продавцов eBay! 🚀

# Налоги для продавцов eBay: что нужно знать?

📌 Введение: как работают налоги на eBay?

**Факт**: eBay обязан собирать и перечислять налоги в ряде стран. Если ты продаёшь на eBay, важно понимать налоговые правила, чтобы не получить штрафы.

Какие налоги могут взиматься?

- Налог с продаж (Sales Tax / VAT) – eBay автоматически удерживает его в некоторых странах.
- Налог на прибыль (Income Tax) – продавцы должны платить налог с заработка.
- Импортные и таможенные сборы – если продаешь за границу.

💡 Пример:

Ты продаешь товар за €100 в Германию.

➔ eBay автоматически удержит НДС 19% (€19) и отправит его в налоговую.

➔ Ты получишь €81, и эти деньги нужно учитывать при расчёте прибыли и уплате налогов.

📌 Что ты узнаешь в этом разделе?

✅ Нужно ли самостоятельно платить налоги или eBay делает это за тебя?

- ✅ Как налоги зависят от страны продавца?
- ✅ Какие документы нужно подавать в налоговую?
- ✅ Как избежать штрафов и проблем с налогами?

💡 Если ты продаёшь на eBay, этот раздел поможет избежать неприятных сюрпризов!

**1. Налог с продаж (Sales Tax / VAT)** – eBay удерживает автоматически

В некоторых странах eBay сам удерживает и перечисляет налог с продаж (VAT/Sales Tax).

- Это касается сделок с покупателями в странах ЕС, США, Великобритании и других.
- Покупатель видит в заказе сумму налога, и eBay автоматически его перечисляет в налоговую.
- Продавец не должен платить этот налог самостоятельно, но должен учитывать его при расчёте цены.

💡 Пример:

Ты продаешь товар за €100 в Германию, где НДС 19%.

- eBay автоматически добавит €19 VAT и возьмёт их с покупателя.
- Ты получишь €100 (без налога), так как eBay уже заплатил VAT сам.

Какие страны облагаются налогом через eBay?

✔ США – Sales Tax (разные ставки по штатам).

✔ Европа (ЕС, Великобритания, Норвегия) – VAT (обычно 20%).

✔ Австралия, Новая Зеландия – GST (10-15%).

📌 **Вывод**: Если eBay удерживает налог сам, продавцу не нужно его платить, но нужно учитывать в ценообразовании.

**2. Налог на прибыль (Income Tax)** – продавец платит сам

В отличие от налога с продаж, налог на прибыль нужно платить самостоятельно.

- Если ты продаёшь на eBay регулярно, налоговая может считать это предпринимательской деятельностью.
- В этом случае ты должен декларировать доход и платить налог.
- В разных странах разные правила и ставки налога на прибыль.

💡 Пример:

➔ В Германии предприниматели платят от 14% до 45% подоходного налога.

➔ В США ставка налога от 10% до 37% в зависимости от дохода.

➔ В Великобритании – от 20% до 45%.

Когда eBay сообщает о твоих доходах в налоговую?

eBay отправляет данные в налоговые органы, если твой доход превышает определенные лимиты:

✔ Германия – если выручка превышает €22 000 в год.

✔ США – если оборот более $20 000 или 200+ транзакций в год.

✔ ЕС – если оборот более €10 000 в год.

💡 **Вывод**: Если ты продаёшь на eBay регулярно, лучше зарегистрироваться как предприниматель и платить налоги официально.

## Как зарегистрироваться в налоговой и платить налоги?

Если ты продаешь как бизнес, нужно зарегистрироваться в налоговой.

**1. Открытие предпринимательской деятельности (если требуется)**

- В Германии – Gewerbe anmelden (регистрация бизнеса).
- В США – получение EIN (идентификационного номера налогоплательщика).
- В Великобритании – регистрация как Sole Trader или LTD.

📌 **Вывод**: Если ты продаешь много и регулярно, лучше работать как зарегистрированный бизнес.

**2. Подготовка налоговой отчетности**

Чтобы избежать проблем, важно вести учет доходов и расходов.

- Собирай все инвойсы, квитанции, накладные.
- Записывай все продажи и комиссии eBay.
- Раз в год подавай налоговую декларацию (в зависимости от страны).

💡 <u>Пример</u>:

- ➔ Если ты за год продал товаров на €30 000, но потратил €10 000 на закупку и рекламу, налог считается с разницы (€20 000).

📌 **Вывод**: Если вести учёт с самого начала, налоги платить легче.

## Импортные пошлины и налоги при международных продажах

Если ты продаешь товары за границу, могут взиматься таможенные сборы.

- ❖ В некоторых странах покупатель платит таможенные пошлины при получении товара.
- ❖ Если ты работаешь через eBay Global Shipping Program (GSP), eBay сам считает и собирает пошлины.
- ❖ Если отправляешь товар самостоятельно, покупатель может отказаться платить сборы, и товар вернется.

💡 Пример:

Если ты отправляешь товар в Канаду, таможня может начислить 5% GST. Если покупатель не хочет платить, он может отказаться от заказа.

📌 **Вывод**: Перед продажей в другую страну проверь таможенные правила, чтобы избежать возвратов.

## Как избежать налоговых проблем и штрафов? **ТОП-5** рекомендаций для продавцов eBay

**1. Проверь, удерживает ли eBay налоги за тебя**

- Если eBay сам удерживает Sales Tax / VAT, тебе не нужно платить его отдельно.

- Но налог на прибыль остаётся твоей ответственностью.

**2. Не скрывай доходы от налоговой**

- eBay сообщает о твоих доходах налоговым органам, если сумма превышает лимит.
- Если налоговая заметит несоответствия, могут быть штрафы.

**3. Сохраняй все транзакции и расходы**

- Веди учёт в Excel, Google Sheets или бухгалтерских программах.
- Записывай все затраты (закупки, комиссии eBay, рекламу, доставку) – это поможет снизить налогооблагаемую базу.

+

**4. Проконсультируйся с бухгалтером**

- Налоговые законы разные в каждой стране, лучше уточнить детали у специалиста.
- В некоторых странах можно оптимизировать налоги, если знать все нюансы.

**5. Используй eBay Seller Hub для аналитики**

- В разделе Payments & Reports eBay показывает твои доходы, комиссии и удержанные налоги.
- Это поможет правильно заполнять налоговую декларацию.

## 📌 Итог: что нужно знать о налогах на eBay?

✅ eBay сам удерживает налог с продаж (VAT/Sales Tax) в ряде стран.

✅ Налог на прибыль продавцы должны платить самостоятельно.

✅ Если доход превышает лимит, eBay сообщает о нем в налоговую.

✅ Нужно вести учет доходов и расходов для налоговой отчётности.

✅ Международные продажи могут облагаться таможенными пошлинами.

Теперь переходим к следующему разделу – как масштабировать бизнес на eBay! 🚀

# Как работать с поставщиками и масштабировать бизнес на eBay?

📌 Введение: зачем искать поставщиков и оптовые базы?

🔥 Факт: На eBay успешные продавцы не просто перепродают случайные товары, а работают с надежными поставщиками.

Преимущества работы с оптовыми базами:

★ Низкая себестоимость товара – зарабатываешь больше на каждой продаже.

★ Стабильные поставки – можно продавать один товар снова и снова.

★ Меньше рисков – не нужно беспокоиться о нестабильных ценах.

💡 Пример:

➢ Если покупать товар в розницу на Amazon и перепродавать на eBay, маржа будет минимальной.

➢ Если заказывать напрямую у производителя или оптовика – можно получать товар в 2-3 раза дешевле.

📌 Что ты узнаешь в этом разделе?

✅ Как искать поставщиков на AliExpress, Alibaba, DHGate и других платформах?

✅ Как договориться с оптовиками и получить скидки?

✅ Какие ошибки допускают новички при работе с поставщиками?

✅ Как избежать мошенников и найти надёжных партнёров?

💡 Если ты хочешь построить долгосрочный eBay-бизнес, работа с поставщиками – ключевой фактор успеха!

## Где искать поставщиков и оптовые базы?

<u>Есть три основных способа найти поставщиков</u>:

**1. Поставщики с AliExpress – для старта и тестирования**

AliExpress – самый доступный способ работать с китайскими поставщиками.

➔ Можно закупать товары даже по 1 штуке – удобно для тестирования ниши.

➔ Есть много товаров, которых нет в Европе и США.

➔ Подходит для перепродажи недорогих товаров.

💡 <u>Пример</u>:

★ Закупаешь смарт-часы за $15 на AliExpress.
★ Продаёшь их на eBay за $30-40.
★ Чистая прибыль $10-20 с каждой продажи.

<u>Минусы</u>:

🚫 Долгая доставка (20-40 дней).

🚫 Не всегда стабильное качество.

📌 **Вывод**: AliExpress – хороший вариант для тестирования товаров, но не для масштабирования.

**2. Оптовики на Alibaba – для больших объёмов**

Alibaba – крупнейшая в мире B2B-платформа для оптовых закупок.

➔ Можно заказать товары в 2-3 раза дешевле, чем на AliExpress.
➔ Работает напрямую с фабриками и производителями.
➔ Можно заказывать товары с собственным логотипом (Private Label).

💡 Пример:

★ На AliExpress рюкзак стоит $20, на Alibaba тот же товар можно заказать по $8-10 за штуку при оптовой покупке (50+ штук).

★ **Продаёшь на eBay за $40–50 → маржа в 3–5 раз выше!**

Как работать с Alibaba?

- Используй фильтр "Verified Supplier" – это проверенные поставщики.
- Договаривайся о пробной партии (10-20 штук), прежде чем заказывать 100+ единиц.
- Используй защищённые платежи (Trade Assurance), чтобы избежать мошенничества.

📌 **Вывод**: Alibaba – идеальный вариант для выхода на профессиональный уровень.

**3. Европейские и американские оптовые базы – для быстрой доставки**

В Европе и США есть свои оптовые площадки, где можно покупать товары дешевле.

➔ Быстрая доставка (2-5 дней вместо 20-40 дней из Китая).

➔ Можно избежать налогов на импорт.

➔ Качество товаров обычно выше, чем у китайских поставщиков.

💡 Популярные оптовые платформы:

✔ Faire.com – оптовый маркетплейс для Европы и США.

✔ SaleHoo.com – база проверенных поставщиков по всему миру.

✔ CJ Dropshipping – альтернатива AliExpress с более быстрой доставкой.

📌 **Вывод**: Если хочешь продавать в Европе, лучше искать поставщиков на локальных оптовых рынках.

## Как договариваться с поставщиками и получать скидки?

📌 Правильный подход к переговорам с поставщиками помогает получить лучшие условия.

**1. Запрашивай образцы перед заказом**

<u>Никогда не заказывай 100+ штук сразу, не протестировав товар.</u>

➢ Попроси отправить 1-2 образца и оцени качество.

➢ Проверь упаковку, материал, реальный размер.

💡 Пример:

❌ Купил 100 пауэрбанков, а они не соответствуют заявленной ёмкости → деньги потеряны.

✅ Заказал 2 тестовых пауэрбанка, проверил – только потом оформил крупный заказ.

📌 **Вывод**: Всегда тестируй товар перед крупной закупкой.

**2. Торгуйся и проси оптовые скидки**

Поставщики из Китая почти всегда готовы снижать цены при больших заказах.

➢ Если покупаешь 50+ штук, попроси скидку 5-10%.

➢ Если заказываешь регулярно, можешь договориться о фиксированных оптовых ценах.

💡 Пример диалога:

- **Ты**: “Я планирую заказывать 50-100 единиц в месяц. Можете предложить лучшую цену?”
- **Поставщик**: “Обычная цена – $10 за штуку, но если закажете 100+, могу дать за $9.”

📌 **Вывод**: Если не спрашиваешь скидку – теряешь деньги.

**3. Используй несколько поставщиков, чтобы снизить риски**

Не работай только с одним поставщиком – всегда имей запасной вариант.

- ➢ Если у одного закончился товар, можно заказать у другого.
- ➢ Можно сравнивать цены и работать с тем, кто предлагает лучшие условия.

📌 **Вывод**: Разные поставщики = меньше рисков в бизнесе.

## Как избежать мошенников и проблем с поставщиками? **ТОП-5** признаков надежного поставщика

❌ Отказ отправить образцы – хороший поставщик всегда предлагает тестовые партии.

❌ Требует полную предоплату без гарантии – используй Trade Assurance на Alibaba.

❌ Нет отзывов и рейтинга – проверяй поставщиков на Alibaba, DHGate и SaleHoo.

❌ Занижает цену на 50%+ от рыночной – часто это мошенники.

❌ Нет нормальной коммуникации – хороший поставщик отвечает быстро и подробно.

**Вывод**: Всегда проверяй поставщика перед сделкой, чтобы не потерять деньги.

### 📌 Итог: как работать с поставщиками на eBay?

✅ AliExpress – для тестирования, Alibaba – для крупных заказов, локальные базы – для быстрой доставки.

✅ Всегда запрашивай образцы перед массовой закупкой.

✅ Торгуйся и договаривайся о скидках при больших заказах.

✅ Используй несколько поставщиков, чтобы минимизировать риски.

✅ Остерегайся мошенников – проверяй рейтинги, отзывы и способы оплаты.

Теперь переходим к следующему подпункту – автоматизация: какие инструменты использовать? 🚀

# Автоматизация продаж на eBay: какие инструменты использовать?

📌 Введение: зачем нужна автоматизация на eBay?

🔥 Факт: Если ты продаёшь 10-20 товаров в месяц, можно управлять всем вручную. Но если 100+ продаж в месяц, без автоматизации ты потратишь слишком много времени на рутину.

Почему нужно автоматизировать бизнес на eBay?

- **Экономия времени** – не нужно вручную выставлять объявления и следить за каждым заказом.
- **Больше продаж** – автоматизация позволяет быстрее отвечать покупателям и управлять запасами.
- **Снижение ошибок** – системы автоматически отслеживают заказы, отправку и аналитику.
- **Масштабирование** – можно продавать 100+ товаров без лишней нагрузки.

💡 Пример:

❌ Если вручную загружать товары и отслеживать заказы, на это уходит по 5-6 часов в день.

✅ Если использовать автоматические инструменты, можно делать то же самое за 1-2 часа.

Что ты узнаешь в этом разделе?

✅ Какие инструменты помогают автоматизировать eBay-бизнес?

✅ Как настроить автоматическую загрузку товаров и управление ценами?

✅ Как ускорить работу с заказами, доставкой и клиентами?

✅ Какие ошибки допускают новички при автоматизации?

💡 Если ты хочешь продавать больше и тратить меньше времени, автоматизация – это твой путь к успеху!

## Какие инструменты помогут автоматизировать продажи на eBay?

Есть несколько ключевых областей, которые можно автоматизировать:

★ Добавление и управление товарами

★ Обновление цен и остатков

★ Обработка заказов и отправка

★ Общение с клиентами и сбор отзывов

★ Аналитика и маркетинг

## Лучшие сервисы для автоматизации eBay-бизнеса

**1. Автоматическая загрузка товаров и управление листингами.**

Чтобы не выставлять товары вручную, используй специальные инструменты.

🔥 Лучшие сервисы:

✔ AutoDS – загружает товары, обновляет цены и следит за наличием на складе.

✔ Zik Analytics – помогает находить трендовые товары и выставлять их быстрее.

✔ DSM Tool – инструмент для дропшиппинга, автоматически обновляет листинги.

💡 Что автоматизирует:

- ➢ Массовую загрузку товаров (не нужно вручную создавать объявления).
- ➢ Обновление цен (если у поставщика цена изменилась, eBay обновит автоматически).
- ➢ Контроль остатков (если товар закончился у поставщика, eBay снимает его с продажи).

📌 **Вывод**: Эти сервисы помогают быстро масштабировать продажи, не тратя часы на рутину.

**2. Автоматическое управление ценами и конкуренцией**

Цены на eBay постоянно меняются, и если следить за ними вручную, можно потерять деньги.

🔥 Лучшие сервисы:

✔ Repricer Express – автоматически корректирует цены, чтобы товар был конкурентоспособным.

✔ BQool – аналогичный инструмент для динамического изменения цен.

💡 Как это работает?

- → Система следит за конкурентами и автоматически снижает или повышает цену.

➔ Можно настроить минимальную и максимальную цену, чтобы не продавать в минус.

➔ Если конкуренты распродали товар, твоя цена поднимается, и ты зарабатываешь больше.

📌 **Вывод**: Repricer – это инструмент, который делает твои товары более конкурентоспособными и увеличивает прибыль.

### 3. Автоматическая обработка заказов и отправка

После продажи товара нужно быстро обработать заказ и отправить его покупателю.

🔥 Лучшие сервисы:

✔ ShipStation – автоматизирует отправку, печатает этикетки, трекает посылки.

✔ eBay Shipping Labels – встроенный инструмент eBay для автоматической генерации этикеток.

💡 Как это помогает?

➔ Можно печатать наклейки для посылок одним кликом.

➔ Трек-номера автоматически отправляются покупателям.

➔ Можно сравнивать цены разных перевозчиков (DHL, UPS, USPS) и выбирать лучший вариант.

📌 **Вывод**: Эти сервисы экономят время на упаковку и доставку заказов.

### 4. Автоматическое общение с клиентами и сбор отзывов

Чем быстрее ты отвечаешь покупателям, тем выше рейтинг продавца и больше продаж.

🔥 Лучшие сервисы:

✔ eDesk – автоматизирует ответы на вопросы покупателей.

✔ Feedback Reminder – автоматически просит клиентов оставить отзыв.

💡 Как это работает?

- ➔ Автоматические ответы на частые вопросы (например, “Когда отправите заказ?”).
- ➔ Если клиент оставил заказ, ему автоматически приходит сообщение с просьбой оставить отзыв.
- ➔ Можно запускать массовые рассылки клиентам (например, о новых акциях).

📌 **Вывод**: Автоответчики и напоминания об отзывах помогают увеличить рейтинг продавца.

**5. Автоматическая аналитика и маркетинг**

Важно отслеживать статистику продаж, прибыль и рекламные кампании.

🔥 Лучшие сервисы:

✔ eBay Seller Hub – встроенная аналитика eBay, показывает статистику продаж.

✔ Terapeak (eBay Research) – помогает анализировать тренды и конкурентов.

✔ Adzooma – автоматизирует рекламу eBay Ads.

💡 Как это помогает?

- ➔ Показывает, какие товары продаются лучше всего.
- ➔ Анализирует тренды, чтобы понимать, что покупать у поставщиков.
- ➔ Позволяет автоматически корректировать рекламу и снижать её стоимость.

📌 **Вывод**: Автоматическая аналитика позволяет принимать правильные решения и масштабировать бизнес.

## Ошибки, которые совершают новички при автоматизации.

**1. Полностью доверять автоматике без контроля**

🚫 Если не проверять обновления цен и остатков, можно случайно продавать товар, которого уже нет.

✅ Решение: Раз в несколько дней проверять отчеты и настройки инструментов.

**2. Запускать рекламу без аналитики**

🚫 Многие включают рекламу eBay Ads без тестирования и сливают бюджет.

✅ Решение: Сначала использовать Terapeak для анализа, потом запускать рекламу.

**3. Игнорировать автоматизацию обработки заказов**

🚫 Многие продавцы вручную отслеживают заказы и заполняют наклейки.

✅ Решение: Подключить ShipStation или eBay Shipping Labels.

**4. Покупать неподходящие инструменты**

🚫 Есть много сервисов, но не все они нужны.

✅ Решение: Использовать только те, что реально упрощают работу.

## 📌 Итог: как автоматизировать eBay-бизнес?

✅ Используй AutoDS и Zik Analytics для автоматической загрузки товаров.

✅ Включай Repricer Express для динамического изменения цен.

✅ Применяй ShipStation для автоматической обработки заказов.

✅ Настраивай eDesk и Feedback Reminder для отзывов и общения с клиентами.

✅ Анализируй продажи с Terapeak и eBay Seller Hub.

Теперь переходим к следующему подпункту – перевод бизнеса в полноценный онлайн-магазин! 🚀

# Как перевести бизнес на eBay в полноценный онлайн-магазин?

📌 Введение: почему стоит создать профессиональный eBay-магазин?

🔥 Факт: eBay – это не просто платформа для случайных продаж, а полноценный маркетплейс, где можно создать бренд и устойчивый бизнес. Многие успешные продавцы зарабатывают десятки тысяч долларов в месяц, превращая свои аккаунты в профессиональные eBay-магазины.

Преимущества создания полноценного eBay-магазина:

- ★ Больше доверия от покупателей – магазин выглядит профессионально.
- ★ Экономия на комиссиях – можно снизить процент eBay за продажу.
- ★ Продвинутые маркетинговые инструменты – купоны, скидки, акции.
- ★ Лучшая аналитика – доступ к расширенной статистике и отчётам.

💡 Пример:

❌ Если ты продаёшь 100 товаров в месяц без магазина, платишь стандартные комиссии eBay.

✅ Если ты создаешь eBay Store, комиссии снижаются, и появляется доступ к дополнительным инструментам.

Что ты узнаешь в этом разделе?

✅ Какие плюсы даёт подписка на eBay Store?

✅ Как правильно оформить магазин и повысить продажи?

✅ Какие стратегии помогут развивать eBay-бизнес как бренд?

✅ Как вывести продажи за пределы eBay и создать сайт-магазин?

💡 Если ты хочешь превратить eBay в источник стабильного дохода, этот раздел – твой ключ к масштабированию бизнеса!

## Какой eBay Store выбрать? Сравнение подписок

📌 На eBay есть три варианта подписки на магазин, которые дают разные привилегии.

Основные различия:

- Стоимость подписки (чем дороже, тем больше бонусов).
- Количество бесплатных объявлений в месяц.
- Сниженные комиссии за продажу.

💡 Выбор магазина зависит от того, сколько товаров ты продаёшь каждый месяц.

Варианты подписки на eBay Store. Разберём три уровня подписки и их преимущества:

**1. Basic Store (Базовый магазин)**

- ❖ Стоимость: $4.95 в месяц (при годовой подписке) или $7.95 (если помесячно).
- ❖ Бесплатные объявления: 250 в месяц.
- ❖ Комиссия за продажу: снижена до 12,55% (вместо стандартных 12,9-15%).
- ❖ Подходит для: начинающих продавцов с небольшим количеством товаров.

💡 Пример:

Если ты продаёшь 100-200 товаров в месяц, подписка Basic Store поможет снизить комиссии и сэкономить деньги.

**2. Premium Store (Премиум-магазин)**

- ❖ Стоимость: $29.95 в месяц (годовая подписка) или $39.95 (помесячно).
- ❖ Бесплатные объявления: 1 000 в месяц.
- ❖ Комиссия за продажу: от 11,7% (ещё ниже, чем в Basic Store).
- ❖ Подходит для: продавцов, у которых 500+ товаров в месяц и более крупный оборот.

💡 Пример:

Если у тебя 500+ товаров, ты сэкономишь на комиссиях и получишь больше инструментов для продвижения.

**3. Anchor Store (Якорный магазин, для крупных продавцов)**

❖ Стоимость: $299.95 в месяц (годовая подписка) или $349.95 (помесячно).

❖ Бесплатные объявления: 10 000 в месяц.

❖ Комиссия за продажу: от 10% (самый низкий уровень среди всех подписок).

❖ Подходит для: профессиональных продавцов с крупными объёмами продаж (от 5 000 товаров в месяц).

💡 Пример:

Если у тебя масштабный бизнес с тысячами товаров, Anchor Store поможет значительно снизить комиссии и расширить аудиторию.

Какой магазин выбрать? Выбор подписки зависит от объема продаж:

★ До 250 товаров в месяц → **Basic Store** (начни с этого).

★ 500–1 000 товаров в месяц → **Premium Store** (оптимальный вариант для роста).

★ 5 000+ товаров → **Anchor Store** (для крупных продавцов).

📌 **Вывод**: Если ты серьёзно планируешь зарабатывать на eBay, подписка на магазин поможет сэкономить на комиссиях и получить доступ к полезным инструментам.

# Оформление магазина: как сделать его профессиональным?

Чтобы магазин выглядел привлекательно и внушал доверие, важно правильно его оформить. Что нужно сделать?

**1. Создать уникальный логотип и баннер**

- ➢ Магазин должен выглядеть как бренд – без стандартных пустых страниц.
- ➢ Используй Fiverr или Upwork, чтобы заказать логотип и дизайн за $10-50.

💡 Пример:

❌ Продавец без логотипа и баннера – выглядит как временный аккаунт.

✅ Продавец с оформлением – вызывает доверие у покупателей.

📌 **Вывод**: Качественный логотип и баннер повышают конверсию продаж.

**2. Написать грамотное описание магазина**

- ➢ В разделе “О магазине” расскажи, какие товары ты продаёшь и почему тебе можно доверять.
- ➢ Добавь информацию о политике возвратов, доставке, гарантии.

💡 Пример:

❌ “Продаю разные товары, пишите в личку.”

✅ “Добро пожаловать в наш магазин! Мы предлагаем сертифицированные товары из Европы с быстрой доставкой. Гарантия 12 месяцев.”

📌 **Вывод**: Четкое описание магазина помогает покупателям чувствовать себя увереннее.

**3. Организовать категории товаров**

➢ eBay позволяет создавать категории внутри магазина (например, “Смартфоны”, “Аксессуары”, “Гаджеты”).
➢ Это упрощает поиск товаров и увеличивает продажи.

💡 Пример:

❌ Без категорий – все товары идут одной лентой, покупатель теряется.

✅ С категориями – удобно находить нужные товары.

📌 **Вывод**: Структурированный магазин = выше продажи.

## Как использовать маркетинг и рекламу в eBay Store?

У владельцев **eBay Store** есть доступ к расширенным маркетинговым инструментам. Что можно использовать?

**1. eBay Promotions (акции и скидки)**

➔ Можно делать скидки на товары и показывать их в разделе “Горячие предложения”.
➔ Работает как дополнительная бесплатная реклама.

💡 Пример:

❖ Скидка “Купи 2, получи 10% скидку” → больше клиентов покупают сразу несколько товаров.

📌 **Вывод**: Скидки помогают привлекать больше покупателей.

**2. eBay Coupons (персональные купоны)**

- ➔ Можно отправлять купоны на скидку клиентам, которые уже покупали у тебя.
- ➔ Работает для повторных продаж – клиенты возвращаются за новыми покупками.

💡 Пример:

- ❖ **Покупатель купил телефон → через неделю получает купон на скидку 5% на чехлы и аксессуары.**

📌 **Вывод**: Купоны помогают повысить повторные продажи.

**3. eBay Ads (реклама для владельцев магазинов)**

- ➔ eBay дает больше рекламных инструментов для магазинов – можно показывать товары в топе поиска.
- ➔ Владелец eBay Store может оптимизировать рекламу и снижать расходы.

📌 **Вывод**: Реклама эффективнее для магазинов, чем для обычных аккаунтов.

## Как выйти за пределы eBay и создать собственный магазин?

Если ты хочешь развивать свой бренд, можно создать отдельный интернет-магазин. Лучшие платформы для создания магазина:

✔ Shopify – самый популярный конструктор интернет-магазинов.

✔ WooCommerce (WordPress) – если хочешь больше контроля.

✔ Ecwid – можно интегрировать с eBay.

💡 Как это работает?

- eBay остается основным каналом продаж.
- Ты создаешь сайт, где продаешь товары напрямую (без комиссий eBay).
- Можно перенаправлять клиентов с eBay в свой магазин и получать больше прибыли.

📌 **Вывод**: Свой магазин – это следующий уровень для масштабирования бизнеса.

## Итог: как сделать eBay-магазин профессиональным?

✅ Открыть eBay Store (Basic, Premium или Anchor Store).

✅ Оформить магазин: логотип, баннер, описание, категории товаров.

✅ Использовать маркетинговые инструменты eBay (акции, купоны, рекламу).

✅ Добавить аналитику и следить за результатами.

✅ Думать о будущем – создать свой сайт-магазин и масштабировать бизнес.

Теперь переходим к последнему разделу – заключение и бонусы! 🚀

# Чек-листы для быстрой настройки eBay-магазина

📌 Этот раздел – пошаговое руководство, которое поможет быстро и правильно настроить eBay-магазин.

🔥 Сохрани этот чек-лист, чтобы не упустить важные моменты!

## 1. Чек-лист: регистрация и базовые настройки

✅ Создать учетную запись продавца на eBay (Personal или Business).

✅ Настроить платежи (подключить Payoneer, Wise или банковский счёт).

✅ Пройти верификацию личности (документы, банковские реквизиты).

✅ Выбрать модель продаж (дропшиппинг, оптовая торговля, частные продажи).

✅ Проверить правила eBay и требования к продавцам.

📌 **Вывод**: Перед началом продаж важно правильно зарегистрировать аккаунт и настроить платежи.

## 2. Чек-лист: открытие eBay Store

✅ Определить уровень подписки (Basic, Premium, Anchor).

✅ Настроить логотип и баннер для магазина.

✅ Добавить описание магазина (что продаёшь, условия доставки, возвраты).

✅ Создать категории товаров для удобного поиска.

✅ Активировать eBay Seller Hub для расширенного управления магазином.

📌 **Вывод**: Правильно оформленный магазин вызывает больше доверия у покупателей.

3. **Чек-лист: создание идеального листинга**

✅ Использовать SEO-оптимизированный заголовок с ключевыми словами.

✅ Добавить подробное описание товара (характеристики, преимущества, комплектацию).

✅ Загрузить 8-12 качественных фотографий (размер не менее 1000x1000 px).

✅ Указать цену с учётом всех комиссий и доставки.

✅ Выбрать правильную категорию товара.

✅ Добавить условия доставки и возврата.

📌 **Вывод**: Качественный листинг = высокая конверсия и больше продаж.

**4. Чек-лист: автоматизация работы магазина**

✅ Подключить AutoDS или DSM Tool для управления листингами.

✅ Настроить Repricer Express для автоматического обновления цен.

✅ Использовать ShipStation или eBay Shipping Labels для удобной отправки заказов.

✅ Включить eDesk или AutoResponder для быстрого ответа клиентам.

✅ Подключить Terapeak для анализа рынка и конкурентов.

📌 **Вывод**: Автоматизация помогает масштабировать бизнес и экономить время.

**5. Чек-лист: работа с маркетингом и продвижением**

✅ Активировать eBay Promotions (скидки, купоны, акции).

✅ Запустить eBay Ads (реклама в поиске eBay).

✅ Использовать Promoted Listings для продвижения популярных товаров.

✅ Отправлять персональные купоны повторным покупателям.

✅ Анализировать отчёты и корректировать рекламные кампании.

📌 **Вывод**: Правильное продвижение – это ключ к увеличению продаж.

## 6. Чек-лист: обработка заказов и доставка

✅ Следить за статусами заказов в eBay Seller Hub.

✅ Отправлять товар в течение 24-48 часов после оплаты.

✅ Использовать надежные службы доставки (DHL, USPS, FedEx, Deutsche Post).

✅ Добавлять трек-номер для отслеживания заказов.

✅ Оперативно решать вопросы клиентов по доставке.

📌 **Вывод**: Быстрая доставка и качественный сервис повышают рейтинг продавца.

## 7. Чек-лист: работа с отзывами и рейтингом

✅ Всегда вежливо отвечать на вопросы покупателей.

✅ Напоминать покупателям оставлять отзывы (Feedback Reminder).

✅ Быстро решать конфликты и предлагать возвраты, если это необходимо.

✅ Удалять несправедливые отзывы через поддержку eBay.

✅ Набрать рейтинг продавца 98-100% для доверия покупателей.

📌 **Вывод**: Хорошая репутация = больше заказов и доверие клиентов.

Этот чек-лист поможет тебе не упустить важные детали при настройке eBay-магазина и построить успешный бизнес! Теперь переходим к последнему подпункту – полезные ссылки, сервисы и инструменты. 🚀

## Полезные ссылки, сервисы и инструменты для работы на eBay

🔥 Этот раздел содержит список самых полезных ресурсов, которые помогут тебе развивать бизнес на eBay, анализировать конкурентов, находить поставщиков и автоматизировать процессы. Сохрани этот список – он пригодится для работы!

**Официальные ресурсы eBay**

✅ eBay Seller Hub – панель управления продавца, аналитика продаж.

✅ eBay Terapeak – инструмент анализа рынка, помогающий находить прибыльные товары.

✅ eBay Global Shipping Program – программа международной доставки eBay.

✅ eBay Seller Center – справочный центр для продавцов, официальные правила.

📌 **Вывод**: Эти ссылки помогут разобраться в механике работы eBay и использовать встроенные инструменты.

**Сервисы для поиска трендовых товаров**

✅ Zik Analytics – мощный инструмент для анализа трендов и конкурентов на eBay.

✅ Google Trends – показывает, какие товары сейчас в тренде.

✅ WatchCount – анализ популярных товаров на eBay.

📌 **Вывод**: Эти сервисы помогут находить товары, которые продаются лучше всего.

**Платформы для поиска поставщиков и оптовых товаров**

✅ AliExpress – лучший вариант для дропшиппинга и тестирования ниш.

✅ Alibaba – платформа для крупных оптовых закупок напрямую от производителей.

✅ CJ Dropshipping – альтернатива AliExpress с более быстрой доставкой.

✅ SaleHoo – база проверенных поставщиков по всему миру.

✅ Faire – платформа для работы с оптовиками в США и Европе.

📌 **Вывод**: Надежные поставщики = стабильные продажи и хорошая маржа.

**Инструменты для автоматизации eBay-бизнеса**

✅ AutoDS – инструмент для автоматического выставления товаров и управления заказами.

✅ DSM Tool – сервис для дропшиппинга, автоматическое обновление листингов.

✅ Repricer Express – автоматическое обновление цен для конкуренции.

✅ ShipStation – автоматизация обработки заказов и генерация этикеток.

✅ eDesk – сервис для автоматического общения с клиентами.

📌 **Вывод**: Эти сервисы помогут сократить время на рутинные задачи и масштабировать продажи.

**Маркетинговые инструменты и реклама на eBay**

✅ eBay Promotions Manager – настройка скидок, купонов, акций.

✅ eBay Ads – рекламная платформа eBay.

✅ Adzooma – автоматизация рекламы на eBay и Google Ads.

✅ Canva – сервис для создания профессиональных изображений и баннеров.

📌 **Вывод**: Маркетинговые инструменты помогают увеличить конверсию и привлекать больше покупателей.

🔥 Этот список инструментов, сервисов и полезных ресурсов поможет тебе быстро развивать бизнес на eBay!

# 🎉 Поздравляю! Ты завершил полный курс по продажам на eBay 🚀

Ты теперь знаешь, как запустить успешный магазин на eBay, находить товары, продвигать их и масштабировать свой бизнес. Главное – действовать!

## ✅ Что делать дальше?

- Запусти свой первый (или новый) магазин на eBay.
- Проведи анализ трендов и выбери нишу.
- Настрой автоматизацию, рекламу и увеличивай продажи.

💡 Помни: результат приходит к тем, кто применяет знания на практике!

Если у тебя есть вопросы или ты хочешь узнать больше, напиши мне:

📩 Email: aleksvakol@gmail.com

⚠ Авторские права и условия использования

Этот курс является интеллектуальной собственностью автора. Любое распространение, копирование или перепродажа без согласия запрещены.

Если ты купил этот курс на пиратском сайте – поддержи автора, купив легальную версию.

Спасибо, что выбрал этот курс! Успешных продаж на eBay! 🚀

www.ingramcontent.com/pod-product-compliance
Lightning Source LLC
LaVergne TN
LVHW010752051026
849532LV00007B/2338